中公新書 2487

西村まさゆき著

# カラー版 ふしぎな県境

## 歩ける、またげる、愉しめる

中央公論新社刊

# はじめに

県と県を分け隔てる線、県境。現地におもむくと、たいてい線すらも引かれていないところが多い。こんな県境にいったいどんな魅力があるのか不思議に思う方も多いかもしれない。

たとえば、県境マニア（そういうマニアがいるんです）が「三県境」と呼んでいるポイントがある。その名のとおり三つの県が境目を接する場所のことで、日本全国に四八ヵ所あるといわれている（本書では都府県境も含め、県境と総称する）。

三県境は、そのほとんどが水上や山の上にあるため、実際に行くことはもちろん、近づいて見るといったことも難しい。

しかし、そんな三県境のなかでも、渡良瀬《わたらせ》遊水地そばにある群馬、埼玉、栃木の三県境は、日本で唯一、鉄道駅から歩いて数分で行くことができるため「歩いて気軽に行ける三県境」として県境マニアの聖地になっている。

群馬、埼玉、栃木の端っこが接する場所は、なんの変哲もないただの田んぼのあぜ道でしかないが、あぜ道をまたいで歩けば、たったの二歩で埼玉、栃木、群馬をわたり歩くことができ

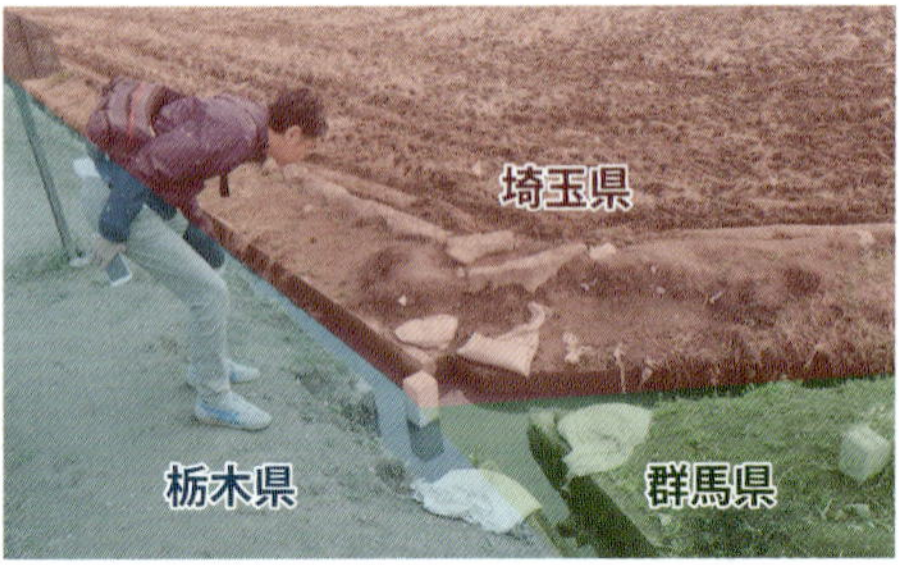

群馬、埼玉、栃木の三県境

る不思議な場所だ。

ところが、県境マニアはそこで満足し「珍しい場所にきたな」では終わらない。

なぜこんなヘンテコな境目が引かれることになったのか？に思いをめぐらす。

群馬、埼玉、栃木の三県境について言えば、そこはもともと川の上であった。しかし、あの有名な足尾《あしお》銅山鉱毒事件で発生した鉱毒対策で設けられた渡良瀬遊水地が造成されるさい、もともと県境が引かれていた河川の流路が変わったため、田んぼの中に突然三県境が出現した。つまり県境が昔の河川の痕跡《こんせき》として存在しているのである。

県境は一見、空間と空間を分け隔てているだけのように見えるが、なぜそこに県境が引かれるようになったのかを考えると、たちまち時間を背負った存在にもなり、深い意味が出てくる。

県境マニアは、県の境界線の、この線からそれぞれの県の広大な県土が始まっていること、そしてその境界線の歴史、そこに関わる人々の営みに思いをはせ、ただの一筋の境界線を地理や歴史をも含めた、立体的な魅力を持った「境目」として見ている。

これは、ちょっと大げさかもしれないが、天文学者が星空を観察したり、地質学者が地層を調べるのとなんら変わらない。

境界の魅力は、県境のみに限らない。町丁目の境界や市区町村境、果ては州境や国境に至るまで、境界となるものに関しては必ず「そうなった理由」が存在する。

境界マニアはそういった目に見えない物語を肌で感じるために、さまざまな境界線をめぐるのである。

近年、インターネットの登場により、ニッチな分野のマニアがそれぞれつながり、さまざまな活動を行うことにより、世間一般に知られることが多くなった。もちろん、県境も含めた「境界線マニア」も、いることはいるのだが、やはり世間一般にはまだ趣味としてはなかなか認知されていないという現状がある。

この本がきっかけとなり「境界線に興味がある」という人々が倍増……とまではいかなくても、「そういう趣味の人がこの世の中にはいるのだな」と、認知されれば幸いである。

目次

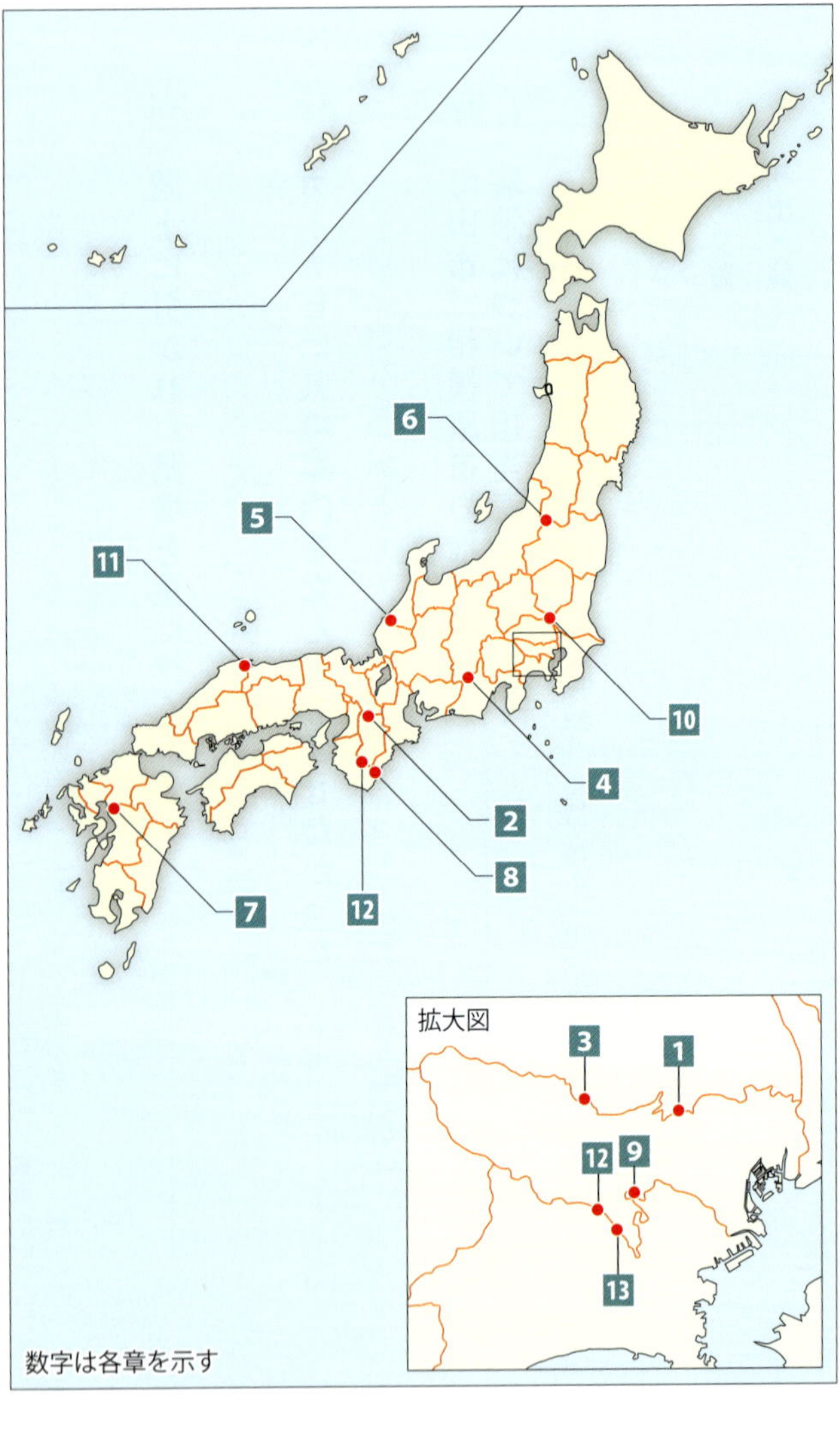
6
5
11
10
4
2
8
12
7
拡大図
3
1
12
9
13
数字は各章を示す

# 1 練馬に県境がひと目でわかる場所があるので見に行った

　一般的に県境は、川の上だとか、山の稜線《りょうせん》に沿って引かれていることが多い。しかし、川の上や山の稜線に境目が実際にあるわけではなく、よくて県境があることを示す標識やカントリーサインと呼ばれる看板が申し訳程度に立っているくらいだ。

　そのため「県境を見に行く」という趣味は、「境目は見えないけれど、ここが境目だと思うとテンションがあがる！」という形而上《けいじじょう》的な興奮や感動であるため、写真などのビジュアルでは伝えにくいというジレンマを抱えている。

　ぼくのような境目好きの人間であれば、何もなくても「この道が群馬県と栃木県の境目か！」などと、盛り上がることができるのだけど、あまりそういうものに興味のない人を県境に連れて行っても、何がすごいのか今ひとつピンとこない、という顔でいることが多い。

練馬区と新座市のぎざぎざの都県境（1/2.5万「志木」平成29年調製）

## 見た目で県境がわかる場所はないか?

そこで、見ただけでひと目で境目がわかるような場所。そんな場所があれば、県境初心者の人でも十分楽しめるのではないだろうか?

そんな思いで目を皿のようにしてグーグルストリートビューを探していたところ、県境初心者でも楽しめそうな場所が東京都練馬区《ねりま》と埼玉県新座市《にいざ》の間にあった。西武池袋《せいぶいけぶくろ》線大泉学園《おおいずみがくえん》駅から北へ三キロほどの場所だ。これは行ってみるほかない。

## 県境初心者についてきてもらった

初心者でも楽しめる県境ということで、県境に関して思い入れゼロの友人の女性、古賀及子《こがちかこ》さんについてきてもらうことにした。

1 練馬に県境がひと目でわかる場所があるので見に行った

ちょうど県境を境目に、明らかに歩道のつくりが違う（地図 A）

当日、大泉学園駅に集合だったにもかかわらず、間違って隣の石神井公園《しゃくじいこうえん》駅で下車してしまうほど、地理に興味のない古賀さんに「県境面白い！」と思ってもらえれば、しめたものである。

さっそく大泉学園駅からバスに乗り、目的の県境が近いバス停まで移動する。北上するバスの中から町を

アスファルトの質もなんとなく違うのがわかる

見たかぎり、閑静な住宅街が広がる落ち着いた雰囲気の町だ。

## バス停を降りると すぐに県境！

しばらくすると、県境近くのバス停「天沼《あまぬま》マーケット前」に到着。バス停を降りると、県境はすぐそこにあった。「古賀さん！　ほら！　あそこ！　県境！」とぼくが興奮しつつ指し示す先。道路の管理は、都道府県ごとに行っていることが多く、道路の模様やアスファルトの質が変わっているということがわりとよくあるが、かつてこれほどまでに県境が明確にわかる場所はあっただろうかというほど、明らかに歩道のつくりが違う。

車道のアスファルト舗装も、ちょうど東京都練馬区と埼玉県新座市の県境で切れ目が入っている。すごい。県境の明瞭《めいりょう》さが予想以上で驚いた。「練馬区のアスファルトは粒が粗くて擦ると痛そうだ」というふうに、皮膚感覚でもって県境を堪能《たんのう》できるのが素晴らしい。

「どうですか、古賀さん！　ちょっとワクワクしませんかっ」

と、興奮ぎみに説明するぼく。

「これはちょっと面白いですね。県境がこれだけ目に見えてわかるとたしかに面白い」

いささか、感動の押し売りみたいなことになっているかもしれないが、なんとか「県境面白い！」との言質はとった。

そして境界またがりの記念写真を撮る。マニアにとって、この写真は恒例なのだ。

違う県に足を置いて記念写真

この記念写真も、冷静に眺めると「何もないところで何はしゃいでいるのだろう」という、ただのおかしい人の写真にしか見えない。
しかし、ここのように、はっきり境目が見える県境であれば「あぁ、県境をまたいで記念写真撮ってるんだな」とたちどころにわかるのである。
正直なことを言うと「この県境はグーグルストリートビューで見られるから、わざわざ来て見て感動できるだろうか？」という気持ちもなくはなかった。
しかし、やはり本物を実際に見るというのは違う。今は胸を

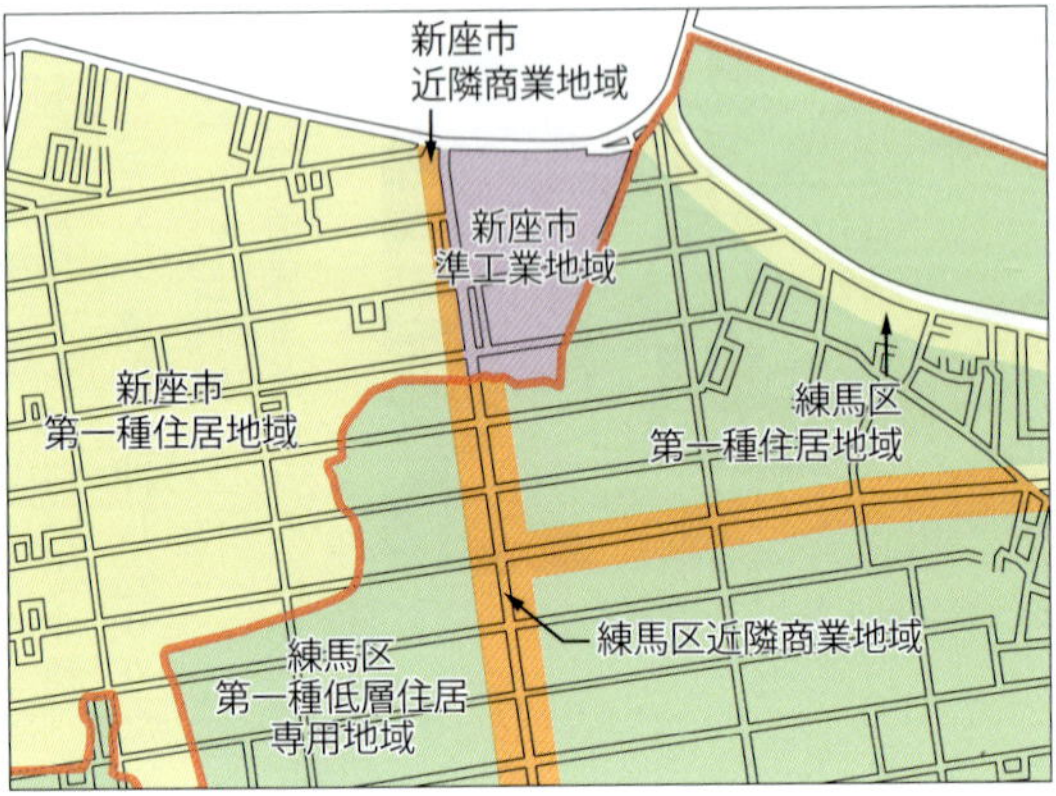

用途地域の違いが風景に表れている

はってそう言える。なぜなら、何がどう違うのかという印象は、やはり間近でまのあたりにしなければ、現実の感覚として実感できないのだ。

　芸能人だって実際に会ってみると「なんかいい人だったよー」というような印象を持つことができるのと同じで、やはり出向いて本物を見るのは大切だ。

### 地元のおばさんは知っている

　二人で県境をまたいではしゃいでいると、バス停で一緒にバスを降りた地元のおばさんに「何してるの？」と訊《き》かれた。

　おばさんの話によると、ふだんはそんなに県境を意識はしないけれど、歩道のつくりが違っているところが県境になっている、ということは地元のみんなはよく知っているらしい。

　さらにこのあと、自転車ですれちがったおばさんも、すり抜けざまに「ここ、県境！」とわざわざ教えてくれた。

このあたりの県境マダムたちは、ビジターに県境の位置を教えたくて意外とウズウズしているのかもしれない。

## よく見ると街並みの雰囲気もちょっと違う

県境鑑賞中、古賀さんが「練馬側は全体的に建物が低くて緑が多い気がする」と言い出した。

言われてみればたしかにそのとおりで、埼玉県新座市側から見ると、道路が東京都練馬区側に入ったとたん、両脇《りょうわき》に街路樹が増える。

いったいこれはなぜなのか？ 調べてみると、用途地域というしくみのせいであった。

練馬区側の大泉学《おおいずみがく》

練馬区に入ると、街路樹が植えられている

左が新座市のネジ工場、右が練馬区の民家（地図B）

園町《えんちょう》は「風致地区」に指定されているため、建築や樹木の伐採に一定の制限が加えられているらしいのだ。

用途地域は自治体ごとに決められているため、県境を越えればそこを境目に区分が違うこともありえる。そこで、地図に新座市の都市計画図と練馬区の都市計画図を描き出してみた（6ページ地図）。

地図では一部、新座市の準工業地域（紫）と練馬区の第一種低層住居専用地域（緑）が隣接している場所がある。実際に行ってみると、ネジ工場の隣に低層住宅が建っていた。これもまた、実にわかりやすい県境といえる。

またこのネジ工場前の道も、よく見ると練馬側は樹木が多く、新座側は工場や駐車場といった無機的な街並みの境目が観察できた。

これはいいものを見た。ぼくみたいな県境好きにとっては、眼福というほかない。

## 県境錯綜《さくそう》地帯へ

せっかく県境にきたので、さらに県境を求めて住宅地を散策してみた。

このあたりには、家は隣同士だけど、住所は隣県という場所も少なくない。住人の方に伺ったところ、近所付き合いは普通にするけれど、やはり県境を越えると隣同士でも町内会は別になるらしい。この微妙な緊張感がありつつも、どこかのどかな雰囲気は県境ならではだ。

県境周辺で気になるものといえば、マンホールがある。マンホールは自治体によって管理が違うため、県境付近には隣の県のマンホールが並んで存在している箇所もいくつかある。

東京都下水道局のウェブサイトで下水道台帳を確認すると、下水管は県境ぎりぎりまできっちりときており、東京都と新座市のマンホールが並んでいる場所も、また県の境目だということがわかる。

お隣同士だが、県が違う（地図C）

右側が東京都のマンホール、左側が埼玉県新座市のマンホール

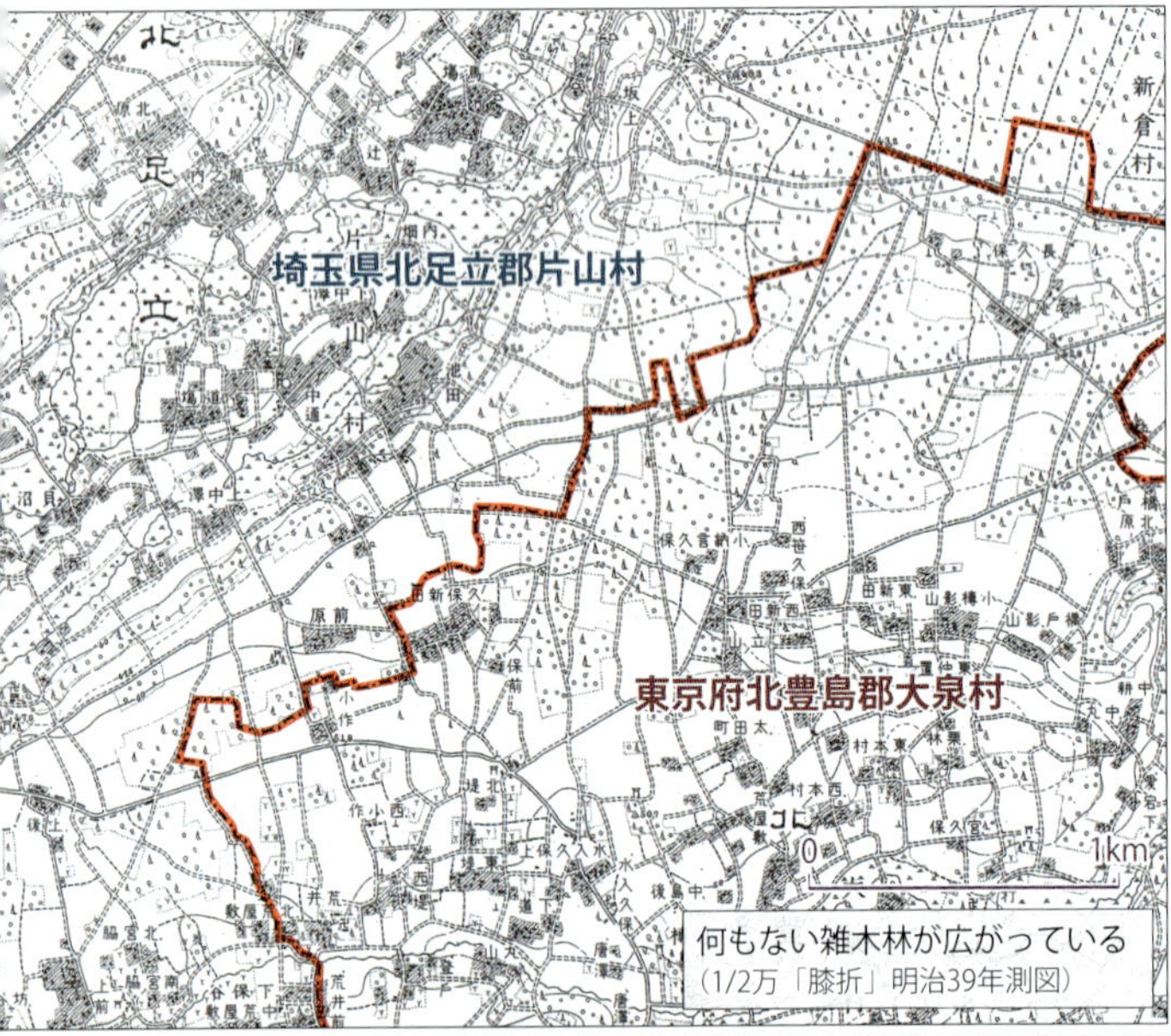

何もない雑木林が広がっている
（1/2万「膝折」明治39年測図）

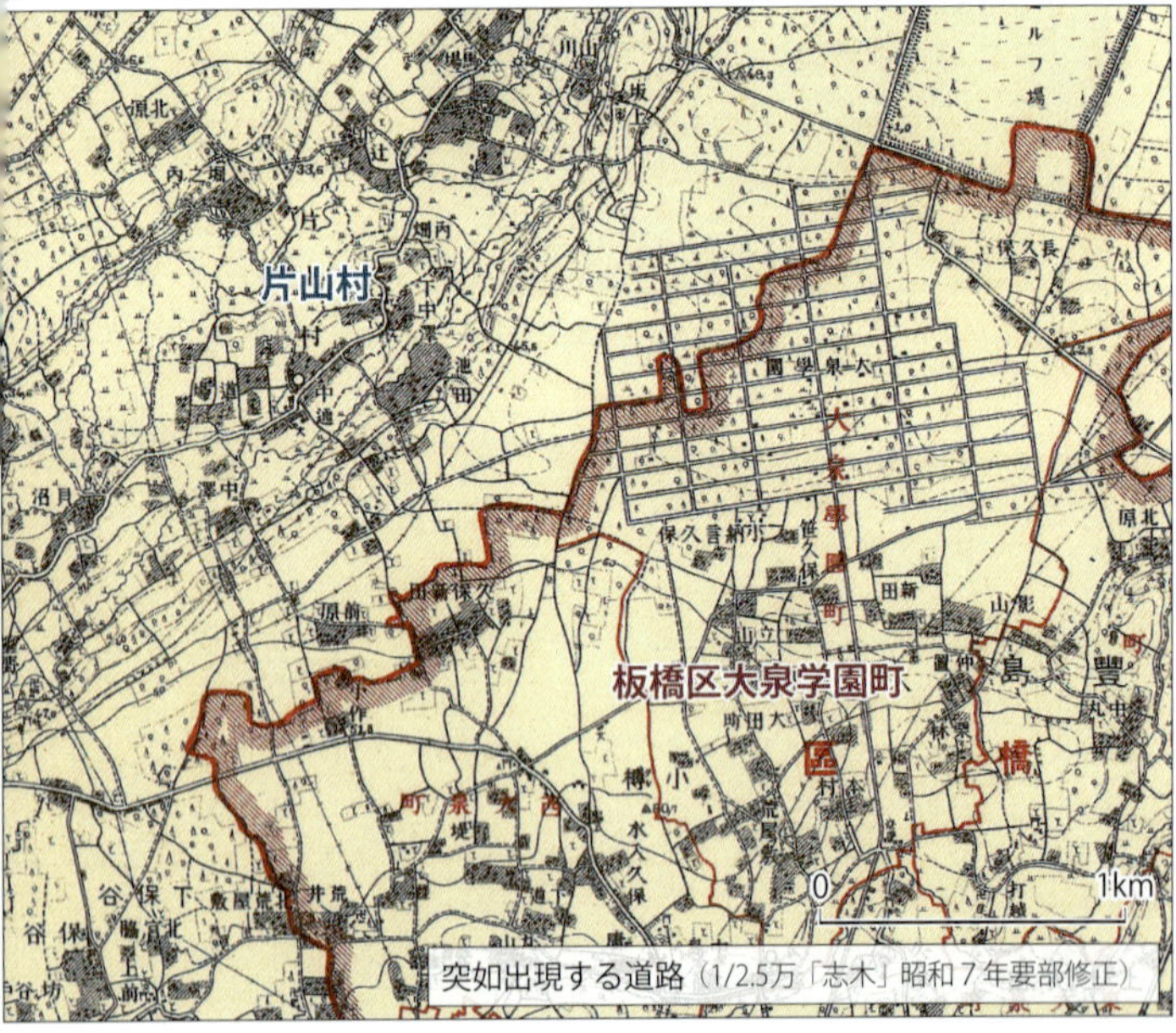

突如出現する道路（1/2.5万「志木」昭和 7 年要部修正）

ところで、この大泉学園地区。道路は縦横まっすぐ区画整理されているものの、県境はそのまっすぐな道路を一切無視し、自由奔放に、うねるように引かれている。なぜなのか？

一九〇六年（明治三十九年）ごろの地図を見てみると、針葉樹と広葉樹の地図記号が並んでいる。このあたりは一面の雑木林だったことがわかる。そして、その間を縫うように「聯（連）路」と呼ばれる幅二メートルもない細い道があり、その道に沿って、埼玉県と東京府（北豊島《きたとしま》郡大泉村）の県境が引かれている。このラインが、そのまま受け継がれ、現在の県境となっている。

時代が下って、一九三二年（昭和七年）の地図を見ると、縦横に引かれた道路が登場するが、道がひかれただけで、まだ住宅もなく、雑木林のままである。しかし、地名は「大泉學（学）園町」と書かれ、まさにこれからここを開発するぞという意気込みが伝わってくる。そして、県境は整備された道路とは関係なく、古い道に沿って引かれたものがそのまま残されている。

この地区は当時、箱根《はこね》土地会社（現在の西武鉄道グループの土地開発会社であった旧コクドの前身）が学園都市を作る目的で開発を進めた。武蔵野《むさしの》鉄道（現在の西武池袋線）の「東大泉《ひがしおおいずみ》」という駅名だった最寄り駅も一九三三年に「大泉学園」に改称された。

大泉学園には、東京商科大学（現在の一橋《ひとつばし》大学）か、東京師範学校（現在の筑波《つくば》大学）の誘致が計画されたが、どちらも不首尾に終わり、結局「学園」という名前だけが今でも残ることになった。

歌舞伎座《かぶきざ》を作るつもりで「歌舞伎」と名付けたものの、結局歌舞伎座は作られなかった歌舞《かぶ》伎町《きちょう》と似たようなエピソードだが、大泉学園も歌舞伎町も、それぞれ高級住宅街、繁華街として栄えているので、歴史とは皮肉なものだ。

いずれにせよ、大泉学園の不思議な県境は、武蔵野の原野に学園都市を開発した名残といえる。

### 県境初心者におすすめの県境です

初心者にもわかりやすい県境を、地理に興味のない人に見てもらう、という趣旨で、友人の古賀さんに同行してもらったのだが、若干、古賀さんほったらかしでぼくが興奮するだけの県境めぐりになってしまった感は否めない。

ただ、古賀さんはいい人なので「これぐらいわかりやすければ初心者でも十分楽しめますよ!」と言ってくれた。持つべきは、こういうふうに、マニアの気持ちをおもんぱかってくれるやさしい友人である。

# 2 店舗内に県境ラインが引かれているショッピングモール

建物の中に県境があるショッピングモールが、京都府と奈良県の府県境にあるという。

こっちは奈良県、足を一歩ふみ出せば京都府……という場所が、建物の中にあるというわけだ。いったい、どんな場所なのか？　実際に行ってみた。

## ニュータウンの中にある県境

京都から電車で一時間ほどの場所にある近鉄《きんてつ》京都線高《たか》の原《はら》駅にやってきた。

このあたりは平城《へいじょう》・相楽《そうらく》ニュータウンと呼ばれる住宅地で、住宅地の中を奈良県と京都府の県境が横切っている。

奈良県側は平城地区、京都府側は相楽地区と呼ばれ、ともに一九七〇年代から宅地などが造成され、平城地区は一九八七年、相楽地区は一九九四年に開発が終了した。

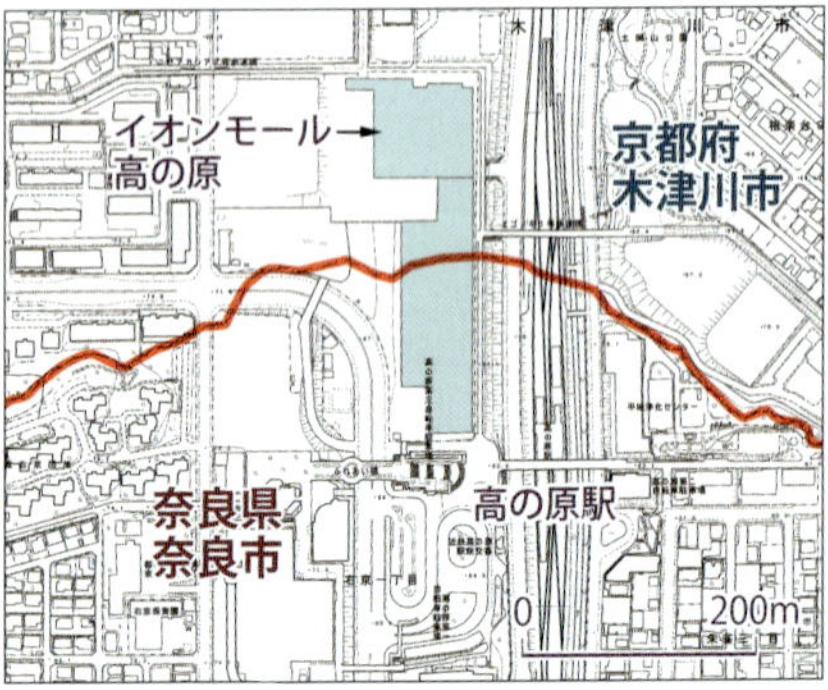

高の原付近の地図（奈良市都市計画課作成1/2500地形図、平成20年５月）

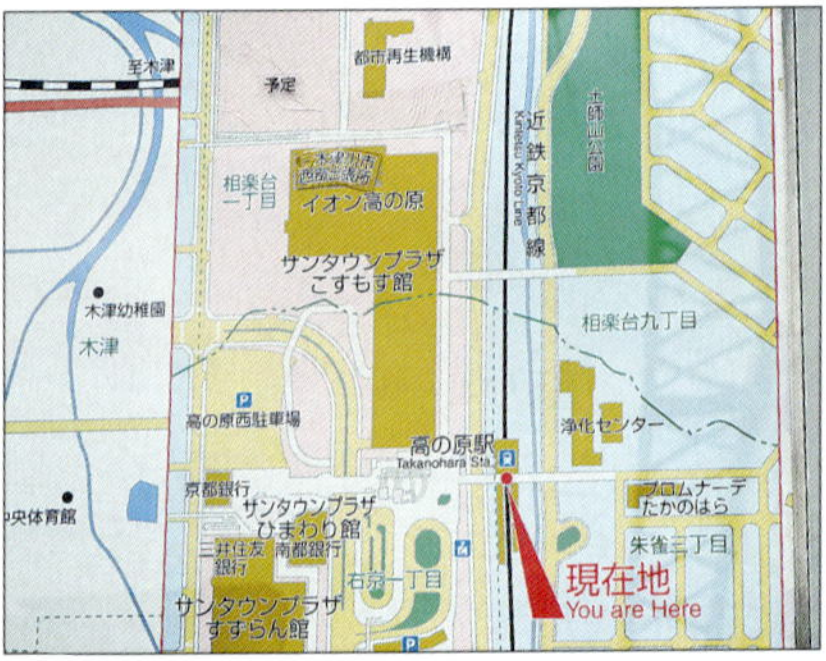

駅にあった地図に県境が描かれている

駅に降り立つと「ここが県境のある町か」という思いで胸が高鳴る。しかし、駅を利用する人たちはいたって普通である。

さっそく、駅の地図で周辺を確認すると、駅の横にある建物の上を県境が豪快に突っ切っている。

この建物「イオンモール高の原」は、京都府木《き》津川《づがわ》市と奈良県奈良市の境界線上に建てられており、建物のちょうど真ん中あたりを県境が走っているのだ。

高の原駅前は奈良県側なので、選挙のポスターも奈良県知事選挙のものがあるし、交番も奈良県警の交番だ。ちょっと歩けば京都府があるとは思えない奈良県っぷりである。

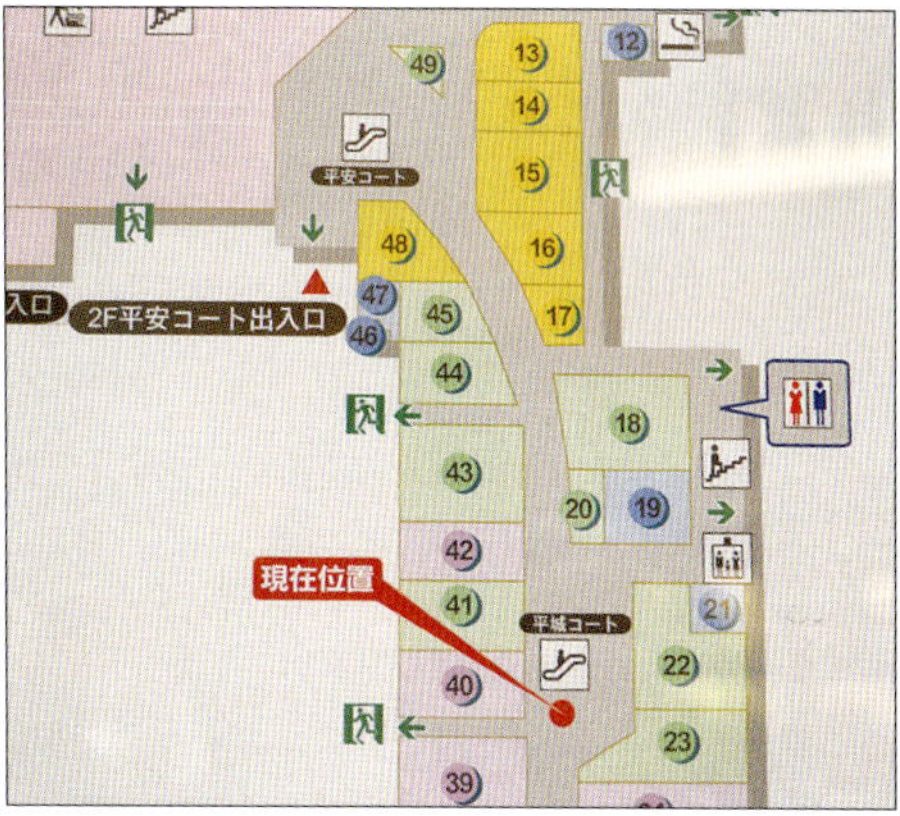


「平安コート」と「平城コート」にわかれている店内

## 店内の県境はどうなっているのか？

噂《うわさ》によると、ショッピングモール内に県境を示すラインが引いてあるらしい。いったいどこにあるのか？

店内マップに描かれていないか確認してみるが、それらしきものは描かれていない。しかし、マップを見てみると、店内が「平安コート」と「平城コート」というエリアにわかれている。

平安といえば平安京、京都。平城といえば平城京、奈良。あ、そういうことかと納得する。小学校で習った歴史の知識が役に立った瞬間だ。覚えといてよかった。

ということは、今ぼくがいる場所はまだ奈良県奈

通路を斜めに横切る県境　奥が京都府

良市であることがわかった。

店内をしばらく進むと突然床に一本の線が引いてあった。

## ついに県境を発見！

モール内の通路を斜めに横切る形で線が引いてある。これは明らかに県境の線だ。

このラインはあっさりしたもので、とくにこれといった装飾もなく、ただ普通の茶色いタイルだ。

とりあえず、県境をまたいでいる記念写真を撮るため、ベンチに座っていたおじさんにカメラをお願いした。

**ぼく**「すみません、あの、ぼくこの線の上でこうやって立ってますので、写真お願いできますか？」

**おじさん**「え？　あ、カメラ？　わかった」

**ぼく**「ありがとうございます……あ、ごめんなさい！　ちょっと左に寄ってるんでもうちょっと真ん中に入れてもらえますか」

**おじさん**「え？　あそう……」

せっかくの県境写真だ。おじさんに少しめんどくさいヤツだと思われたとしても妥協はしたくない。

ぼく「どうもすみません……ところで、このラインが県境だってご存じでした？」

おじさん「え？　ケンキョウ？」

ぼく「奈良県と京都府の県境なんですよ、（ちょっと得意げな顔で）このラインからこっちが奈良県、こっちが京都府……」

おじさん「あぁ……そう……知らんかったなあ……（家族に）おい、この線、県境なんやて」

おじさんの家族「へー、そうなんや――……」

県境をまたぐ　左が京都府

左が奈良県

おじさん「……」
ぼく「……ありがとうございました」
おじさん「はい……」

県境好きなものと、そうでない人の県境に対する温度差がわかっていただけただろうか？

## とくに誰も意識はしていない県境

ところで、県境の上にあるショップで、もしなんらかの犯罪があった場合、駆けつけるのは奈良県警なのか京都府警なのか、気になるところだ。県境上にあるショップの店員さんに聞いてみた。

ぼく「すみません、このラインが県境だってのはご存じでしたか？」
店員さん「あ、はい、こっちが奈良県でこっちが京都府ですね」
ぼく「あの、たとえばなんですが、もし万引きなんかが起きたら奈良県警、京都府警、どちらの警官が駆けつけるんでしょうか？」
店員さん「んー、どうなんやろなぁ……ショッピングモールの住所は京都府になってるから、木津《きづ》署に連絡するんやないですかね？」

ぼく「もし万引き犯が奈良県側にダーッと走っていったら、駅前の奈良県警の交番は見て見ぬふりしますかね？」
店員さん「いやーそれはないでしょう（笑）さすがに目の前犯人走ってたら捕まえると思いますよー」
ぼく「ですよねー（笑）」

警官が犯罪者をみすみす見逃すわけがない。愚問だった。県境の興奮でどうかしていたのだ。県境は心を惑わせる。ぼくにとって県境は煩悩かもしれない。

## ふだん使いの県境

店員さんに県境についてもう少し聞いてみた。

ぼく「ふだん『あ、いま県境またいでるな』とか『今日は何回県境越えしたな』みたいなことは考えたりします？」
店員さん「いや、ないですねー（笑）」
ぼく「ないですよね（笑）」
店員さん「ないです……」

駐車場にも県境　右側が京都府

これもまた愚問だった。

我々だって「あ、今日何回呼吸したな」とか考えないのと一緒で、この県境は、ここで働いてる人にとって水や空気と同じ存在なのだ。ふだん使いの県境。カジュアルな県境。そういう県境。ぼくも欲しい。

## 見えないけれど存在する県境

この「イオンモール高の原」は、建物の八割が京都府に属しているため、ショッピングモールとしての住所は「京都府木津川市相楽台《さがなかだい》一丁目1番1号」となっており、代表の電話番号も市外局番が0774で京都府木津川市のものとなっている。

法人税や固定資産税などの税金は、敷地面積に応じて、京都府側の自治体、奈良県側の自治体で按分《あんぶん》しているが、地方消費税は、入り口が京都府側にあったので、全額京都府の販売ということになっていたところ、奈良県側が抗議して、やはりこれも面積による按分ということになった。

警察は、二〇〇七年（平成十九年）の京都府警察本部長の通達によると、ショッピングモール内で発生した事案は、認知したほうが応急措置を講じたのち、犯行現場を所轄する警察へ引き継ぐという協定を京都府警と奈良県警で結んでいる。

ちなみに、店内や駐車場などに引かれた県境を示す線は、もともと京都府警、奈良県警が事件事故の発生場所をわかりやすくするために引くよう申し入れたものという。

税金や警察などは京都府、奈良県が協力しているものの、上下水道の契約先、ごみ処理の方

ゴージャスになった県境ライン（2015年）

法などは各テナントごとに違っているらしく、ゴミ捨て場も奈良県、京都府それぞれ二ヵ所あるらしい。

### 「県境ショッピングモール」として観光地化するのか？

実は、この取材は二〇一一年に行ったものだ。その後、各マスメディアに県境のあるショッピングモールとして取り上げられたため、二〇一五年に再訪したさいには、店内の県境ラインが少しだけゴージャスになっていた。

ショッピングモールとして、ことさら県境を利用した売り出し方はしないらしいが、県境マニア視点でいえば、県境ラインが引いてあるだけでも十分である。

行っても何もない県境が多いなか、「境界線に立つ」というプリミティブな感動を裏付けてくれる県境ラインはとても貴重だ。

## 3 東京都を東西に一秒で横断できる場所

島嶼《とうしょ》部を除くと、東京都はわりと東西に長い、そんな東京都を東西に横断しようと思ったらどれぐらい時間がかかるだろうか？

最西端の雲取山《くもとりやま》のあたりから、最東端の江戸川《えどがわ》区の東篠崎《ひがししのざき》まで、道を無視してほぼまっすぐに歩いたとしても九〇キロメートルくらいある。たぶん、ぼくの足では二日ぐらいはかかる。

しかし、そんな距離いちいち歩いてられないし、そもそも体力がもたない。

もっとカジュアルに、子連れでも気軽に東京都を東西に横断する方法はないだろうか？

そうだ、東京都のいちばんくびれているところを、西から東に（逆でもいいけど）歩き通せば、東京都を横断したことになるのではないか？

東京都のいちばんくびれている場所を地図で探すと、小田急《おだきゅう》小田原線柿生《かきお》駅と鶴川《つるかわ》駅の間に東京都が二〇〇メートルぐらいまでくびれている場所がある。この二〇〇メートルぐらいの

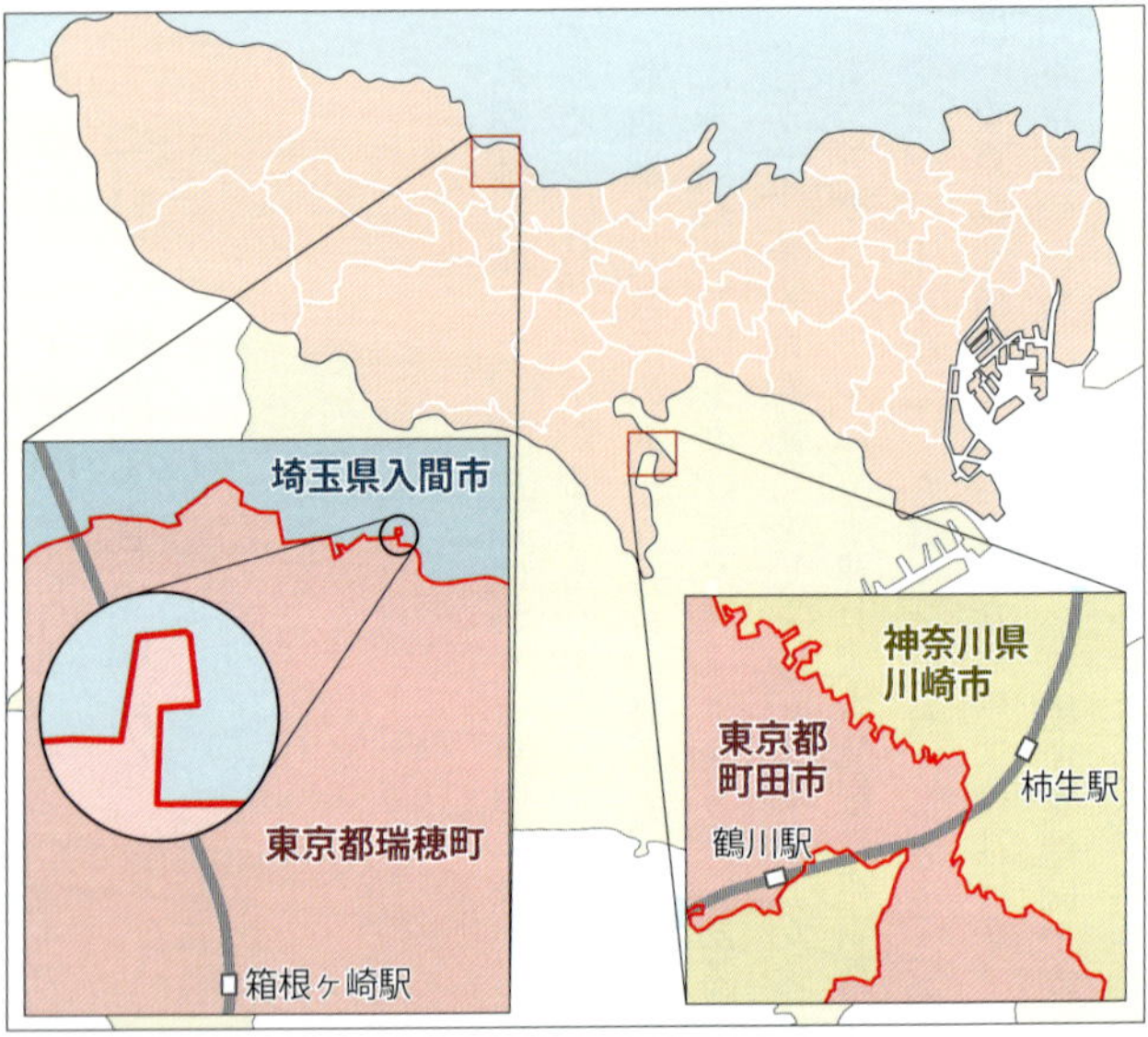

くびれた都県境

場所を東西に歩けば、みごと、東京都を横断したことになるはずだ。

しかし、東京都の地図をぐるっとくまなく見ていくと、もっとすごい場所を見つけてしまった。おそらく、ここなら一秒で東京都を横断できる。

まずは上の地図を見ていただきたい。東京都西多摩郡瑞穂町《にしたまぐんみずほちょう》と埼玉県入間市《いるまし》の間に、細長くくびれているところがあるのがわかるだろうか。なぜか住宅一軒分の敷地が埼玉県の中にはみ出して東京都になっており、そしてその住宅につながるように歩道一本分が細長く東京都につながっているのだ。

この歩道部分を西から東に横断すれば一秒で東京都を横断できるのではないか？　これはぜひとも行ってこの目

で確かめてみたい。そして一秒で横断したい。

## サクッと横断完了

東京都を一秒で横断するため、一時間ほど電車を乗り継いで瑞穂町へやってきた。このあたりは東京都といっても、茶畑などが広がる農村地帯である。バスの本数も多くないので、最寄りの八高《はちこう》線箱根《はこね》ヶ崎《がさき》駅からタクシーで県境近くの交差点まで向かう。

県境を示す埼玉県の看板が見えてきた

　交差点からくだんの県境に向かうと……埼玉県のカントリーサイン（都府県や市町村の境界を示す道路表示）が見えてきた。どうやらこのあたりがその場所らしい。

　ひと目見ただけではなんの変哲もない住宅地だ。

　しかし、ここが、東京一くびれていて、東京一セクシーな東京都である。さっそく、東京を西から東に横断したい。

　大きくまたいで……はい、横断完了。

　一秒、いや、○・五秒ぐらいだったかもしれない。ぼくはついに東京都を横断しきった。ちなみに、ぼくがはしゃぎながら横断する様子を撮影してくれた妻は終始無言で無表情であった。

## 実際の県境はちょっと違う!?

撮影をしていると、目の前の商店からご主人が出てきたので、話を伺ってみた。

「県境を見に来たんですが、こちらのお店の前の歩道だけ東京都なんですよね？」

「あーそうそう、ここ県境なんだよ。だけどねホントはもうちょっと中のほうだよ」

ここがくびれた県境

わかりやすく色分けしてみた

えいっ！　大きくまたいで横断

二本木付近（東京都都市整備局1/2500「二本木」平成26年修正）

ご主人は聞き捨てならないことを言う。どうやら話を総合すると、ぼくが地図を見て細いと思っていた部分が、ご主人の認識ではもうちょっと太くなっているのでは？　ということらしい。

たしかに地図によっては、くびれ部分が商店の建物の半分あたりまであり、太くなっているものもある。

ということは、さっきの東京都横断、本当は横断していなかったという可能性も出てきた。とはいえ、このあたりの県境が、くびれている形であることには変わりはないらしい。

戸惑うぼくを前に、ご主人は道路を指差して言う。「あそこ、道路の真ん中の線が途中で切れてるでしょ、あそこが県境で東京都の管理が終わってるから、線が切れてるんだよ」

センターラインが途中で切れている。奥が埼玉県

教えてもらった場所をよく見てみると、たしかにセンターラインが途中でぷっつり切れている。県境らしい風景だ。こういうわかりやすい県境があると、はるばる電車を乗り継いでやってきた甲斐《かい》があるというものだ。

とりあえず「一秒で東京横断」という目的は、果たせたのか、果たせなかったのか、よくわからなかったものの、道路の途中でぷっつり切れるセンターラインという珍しいものを見られたのでよしとしたい。

**元狭山村の合併問題**

帰りの道すがら、野菜直売所にいた地元のおばさんにも話をちょっと聞いてみた。

「このへんの県境を見に来たんですが、このあたりってけっこう県境が入り組んでますけど、どうしてですか？」

「あぁ、このへんはね、二本木《にほんぎ》って言うんだけど、もともと埼玉県入間郡元狭山村《もとさやま》二本木でひとつの村だったの」

「東京都ではなかったんですね」

「そう、埼玉県だったんだけど、一九五八年（昭和三十三年）に市町村合併が行われたとき、東京都に入るか、埼玉県に残るかで村が真っ二つに割れて、結局二本木の一部が東京都に編入されたのよ」

実は、このあたりの複雑な県境は、一九五八年の越境合併の産物であった。

たしかに地図で確認すると「二本木」という地名は埼玉県入間市にも東京都瑞穂町にもある。

「当時は（東京都編入に）反対派、賛成派に分かれてもう大変でしたよ、青年団の人が警察に捕まったりして、私はこんなちいさい娘だったけど、ラジオで毎日報道されて大騒ぎでしたよ」

地元のおばさんはさらに続ける。

「年配の人だといまだにしこりがある人もいるかもしれないけど……でも、今はほとんどの人はそういうのは関係なく普通にくらしてますよ」

はからずも、旧元狭山村の分村合併騒動について聞き取り調査をしてしまった。のどかな風景からは想像できない過去がここにはあった。

## 入り組んだ県境は越境合併が原因だった

後日、国会図書館で昭和時代の地図を調べたところ、たしかに一九五八年より前の県境はもっと箱根ヶ崎駅に近い場所にあった。

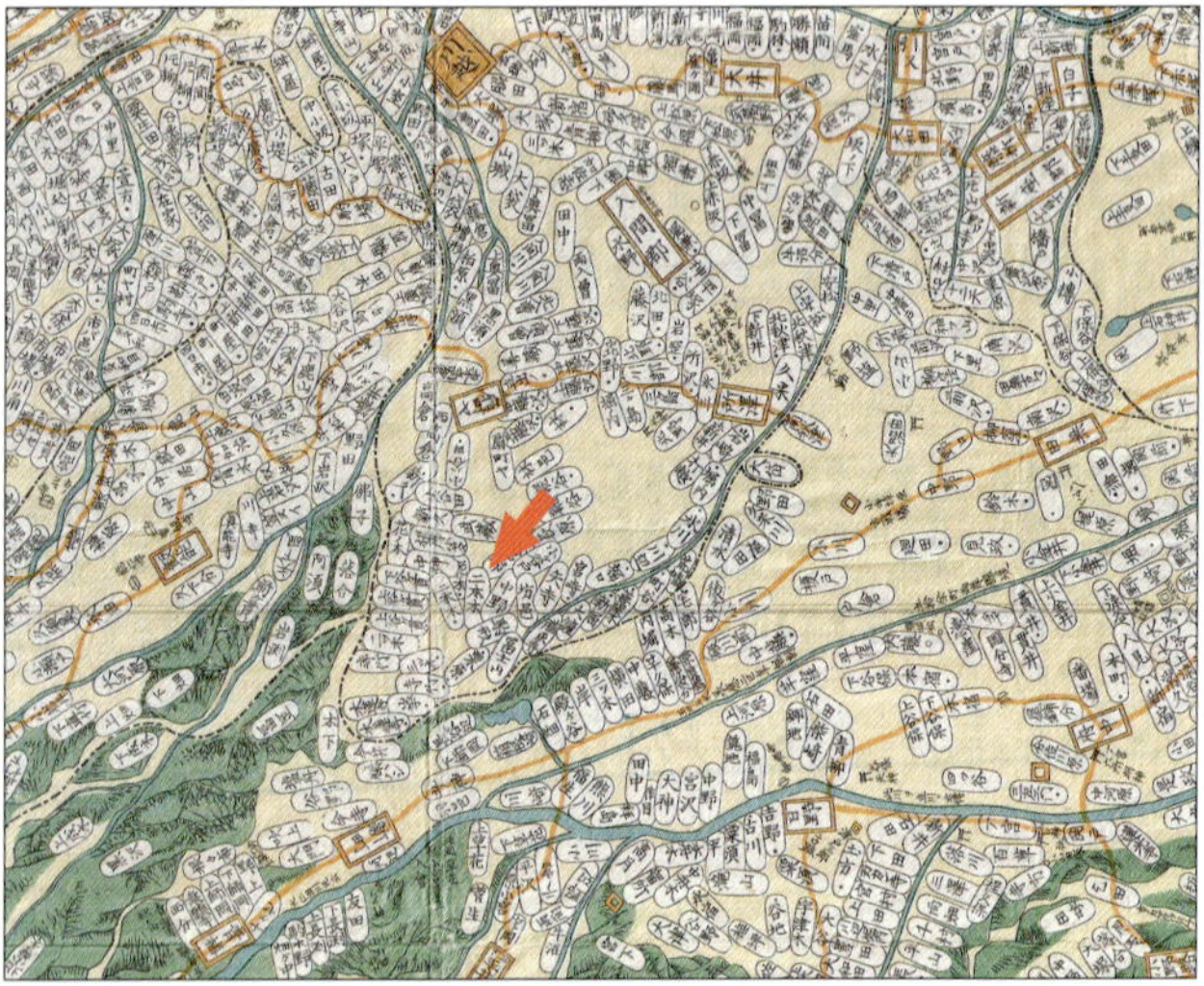

1856年の武蔵国全図（部分）中央やや下に「二本木」がみえる

江戸時代、埼玉県と東京都はどちらも武蔵《むさし》国で、このあたりは、武蔵国入間郡二本木村であった。しかし、明治時代の廃藩置県で埼玉県と多摩地区に県境が引かれることとなり、そのときの県境は今よりもっと南側に引かれた。

一八八九年（明治二十二年）、二本木村を含む高根《たかね》村、駒形富士山《こまがたふじやま》村、富士山栗原新田《ふじやまくりはらしんでん》が合併してできた元狭山村は、当初埼玉県入間郡であり、埼玉県の村だった。

ところが、戦後のいわゆる「昭和の大合併」にからみ、元狭山村村議会は一九五四年に突如、東京都西多摩郡瑞穂町への越境合併を決議した。埼玉県は、当初、元狭山村には入間郡武蔵町（現在の入間市）と合併してもらうことを考えていたため、元狭山村に武蔵町との合併を要求する。元狭山

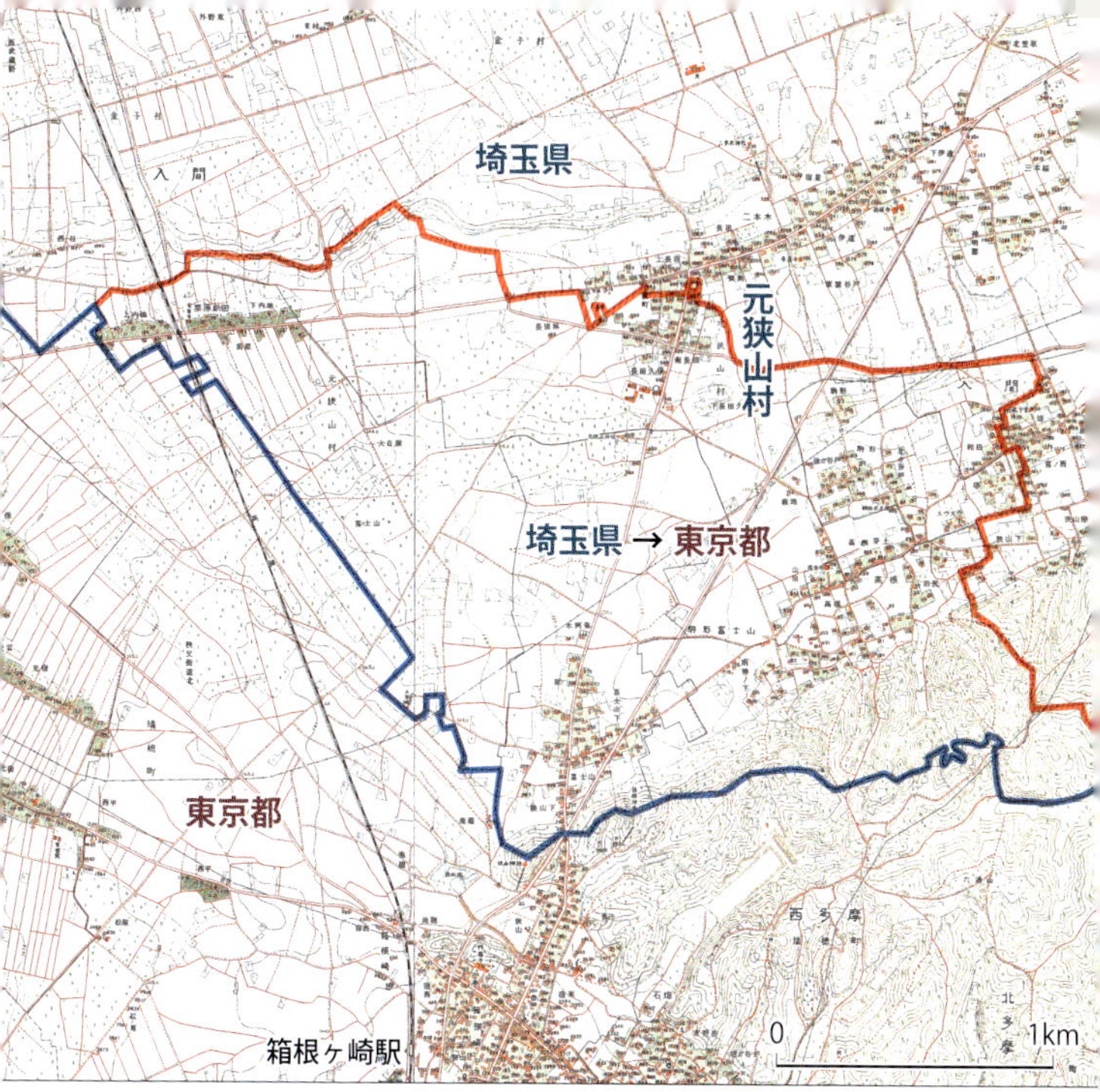

青線が昭和33年以前の都県境、赤線が以後の都県境（1/1万「箱根ヶ崎」「小作」昭和27年測量）

村の住民は、越境合併賛成派と反対派に分かれ、ついには元狭山村を訪れた武蔵町の町長を合併推進派が監禁、暴行するなどの事件まで発生し、合併構想は紛糾してしまう。

結局、当時の自治庁の裁定で、元狭山村はふたつに分割され、県道179号線あたりを境に、南側が東京都、北側が埼玉県ということになった。

おそらく、おばさんの話はこのころのことだろう。

当時、福生《ふっさ》町（現在の福生市）で発行されていた『福生新聞』一八二号（一九五八年十一月十五日発行）を見てみると「不合理な分村は都県境に無理が」と題した記事で「一番瑞穂町合併を熱望していた二区、三区を埼玉県側に残し、分村合併をすべしという最もしこりを後に残す調停案を以《も》って裁定してしまった」「一回も現地を踏まず机の上で線を引いたから、たまらない、都と県の境がお茶の木が境になって歯車のように喰《く》い込み合っている始末」など、分村合併という決定と、地元の声を考慮せずに引かれた県境に不満をあらわしている。

もっとも、この越境合併は、当時、米軍の横田《よこた》基地の滑走路を拡張するさい、米軍側に農地を売却した瑞穂町が、代替の農地を確保したいという思惑があったため、元狭山村との越境合併を推進したともいわれている。

いずれにせよ、埼玉県に一軒だけ飛び出している例の場所は、おそらく越境合併のさい、なんらかの事情で一軒だけ東京都に編入された敷地がそのまま残っているのだろう。

「一秒で東京都を横断する」というふざけた目的だったものの、最終的に元狭山村の分村合併の興味ぶかい昔話まで聞けてしまった。ふざけの力を侮ってはならない。

## 4 「峠の国盗り綱引き合戦」で浜松と飯田が仲良すぎて萌え死にそう

「国境を決める」という言葉の重みを考えてほしい。

古来、人は国境を決めるために、争い、憎しみあい、ときには悲劇をひき起こしてきた。

「宇宙から見れば、国境なんて見えない」なんてことをいう人もいる。

しかし、人が言葉をもち、文化を築き、経済を動かし、社会を成り立たせている以上、国の境目は決めなければならない。

でも、戦争はもう、こりごりだ。

じゃあ、綱引きで決めよう！

### 県境マニア注目の祭り

綱引きで「国境」を決める……これは、長野県飯田《いいだ》市と静岡県浜松《はままつ》市の県境、兵越《ひょうごし》峠で毎年十月末に行われている「峠の国盗《くにと》り綱引き合戦」という祭りだ。

遠州《えんしゅう》軍（静岡県）と信州《しんしゅう》軍（長野県）が、兵越峠で綱引きを行い、勝ったほうが「国境」を一メートル相手側のほうに動かし「領土」を広げるというのだ。

この祭り、実は以前より県境マニア界隈《かいわい》では噂になっており、かくいう県境マニアの端くれであるぼくも、一度この目で確かめておきたい祭りであった。

しかし、この兵越峠が曲者《くせもの》で、やっかいな存在なのだ。

兵越峠（1/20万「豊橋」平成24年要部修正）

兵越峠でピンと来る人は地元の人か、よほどの国道好きか、どちらかであろう。

兵越峠は、国道152号線の未通区間として一部の道路マニアには有名な青崩《あおくずれ》峠の迂回路《うかいろ》として使われる道だ。

イベント会場のある兵越峠まで、公共交通機関で行く場合、豊橋《とよはし》を朝六時に出発する飯田線に乗り、二時間をかけて水窪《みさくぼ》駅まで行き、そこからイベント会場まで運行しているシャトルバスに乗るしかない。

とにかく、とんでもない山奥なのだ。

県境マニアが今まで行きたくても行けなかった祭り。それが「峠の国盗り綱引き合戦」だった。

水窪駅の吊り橋

シャトルバスに乗る

### 公共交通機関のみで兵越峠を目指す

前乗りで豊橋に宿泊し、夜が明けないうちにホテルを出る。

豊橋を出発したところは、そこそこ乗っていた乗客も、豊川《とよかわ》を過ぎたあたりから少しずつ降りていき、水窪駅まで通して乗車した乗客はぼくひとりであった。

朝八時過ぎに水窪駅に到着。駅のすぐ横には川があり、町に出るには吊り橋《つっぱし》を渡らなければ行けない。「ゾザーッ」という容赦ない渓流の音、揺れる吊り橋。吊り橋横の「人数制限20人まで」という看板が微妙にこわい。

この水窪の町からシャトルバスに乗りかえ、兵越峠を目指す。シャトルバスは、祭りのために運行されているもので、ふだんは兵越峠までの公共交通機関はない。

バスは途中、工事中の道路を横目に見ながら山の谷間をグイグイと進んでいき、三〇分ほどで、綱引きの行われる県境付近に到着した。

落石への注意をうながす看板、雨や積雪で通行止めになる旨の看板が峠の苛酷《かこく》さを物語っている。

## 実際に県境が動く……わけではない

実際に県境のある場所は道幅も狭く、木立がトンネルのように生い茂っている中に、「国境」と書かれた木の板が立てられている。

現在（二〇一四年）、信州軍が三年連続で勝利しており、「国境」が三メートル静岡県側に食い込んでいるという。

実は、というか、当たり前であるけれど、綱引きで「国境」を移動させるといっても、実際の県境が移動するわけではない。

つまり、これは壮大な冗談なのだ。

そもそも、この祭りは、野球などで交流をはかっていた静岡県磐田《いわた》郡水窪町（当時）と長野県下伊那《しもいな》郡南信濃《みなみしなの》村（当時）の商工会の青年部が「国境（県境）をかけて綱引き合戦をしたら面白いんじゃないか」というアイデアから一九八七年に始めたイベントである。

「国境」と書かれた木の板　実際の県境は右側の石垣の境目（左が静岡県浜松市、右が長野県飯田市）

サントリー地域文化賞の楯

実際の県境は動くわけじゃないけれど、勝てば一メートルだけ相手の領土に「国境が動く」ということにして、綱引きをやる。真剣にやる。

この祭り、そんな冗談を毎年少しずつ積み重ね、二〇一四年、ついに「サントリー地域文化賞」という賞を受賞した。

受賞理由は「行政区画と山で隔てられた隣接する二つのまちが、大人の遊びとしての「綱引き」に真剣に取り組むことで、かつての交流を取り戻しつつあることが高く評価された」。冗談も真面目《まじめ》に取り組んで三〇年近く続ければ、賞がもらえるのである。

**高速道路完成を願う祭り**

さて、実際の綱引きの会場に入ると、県章や市章が描かれた幔幕《まんまく》をいそいそと準備する人たちや、打ち合わせするスタッフなど、準備は着々と進んでいた。

綱引き会場の横では、各地域の物産品や、きのこ汁の販売などが行われており、見物客でごった返していた。そうこうするうちに、綱引き大会の開会式が始まった。

開会式では、浜松、飯田両市の商工会議所の会長があいさつを行う。

そのあいさつによると、この「峠の国盗り綱引き合戦」は、合戦という体《てい》はとっているものの、三遠南信《さんえんなんしん》地域（三河《みかわ》〔豊橋〕、遠江《とおとうみ》〔浜松〕、南信濃〔飯田〕）の交流を深め、そして、青崩峠で未開通となっている国道の早期改良、そして三遠南信自動車道の完成を願ったイベントであるらしい。

昔の人が、お祭りで無病息災や子孫繁栄などを願ったように、現代は高速道路早期実現を祭りで願う。峠の国盗り綱引き合戦は、国道や高速道路の整備を祈念するためのお祭りなのだ。

そして、遠州軍、信州軍それぞれの総大将役を務める浜松市長と飯田市長がスピーチを行う。

まずは飯田市の牧野光朗《まきのみつお》市長のスピーチ。賞を受賞したこと、道路の整備が着々と進んでいることなどを述べたあと、綱引きの勝敗に関してこんなことを言い出した。

「私共、信州軍から見ますと、浜松城の開城を申し入れることになるのか、それとも投降して打ち首獄門になるのか、わかりませんが、それはまさに、今日のこの一戦にかかっているのです」

幔幕の県章、市章

ぶ、物騒！　でも、この物騒な国境ギャグが、観客にはウケる。

市長という立場の人間が、代官風のコスプレをして、真面目な顔で「打ち首獄門」というだけで笑いがとれる。ふだんふざけている芸人が同じことを言っても絶対ウケない冗談だ。真面目な人が言うからウケるギャグである。

とにかく、信州軍は海が欲しい。絶対に負けられない。と、綱引きの選手にハッパをかける牧野市長。

ちなみに信州軍が遠州灘《えんしゅうなだ》の海を手に入れるためには、県境から海まで直線距離でも六五キロあるので、六万五千連勝しなければいけない、つまり、少なくとも六万五千年はかかる。

そして、そのスピーチをうけての浜松市、鈴木康友《すずきやすとも》市長はこう言う。

「たった一本の綱から、両地域の交流が始まりました。素晴らしいイベントになりました。これからもこの綱をどんどん太くして、地域の交流が深まることを期待したいと思います」

ここまではまあ、普通だ。しかし、国境ギャグは忘れない。

「しかしですね、三連敗はいけません！　最近、杭《くい》を持つ役が多い気がします（綱引きのあと、敗者が国境の杭を持ち、勝者が木槌《きづち》で打ち付けるセレモニーがある）。今年こそは、勝って杭をおもいっきり叩《たた》きたいなと……ついでに牧野さん（飯田市長）の頭をポコっと、やりたいと、こう思っております」

ここで観客がドッと笑う。

市長が、隣の市の市長を木槌で殴りたいと公言しているのに、このほのぼのとした雰囲気はなんだろう。

さらに鈴木市長は続ける。

「浜松城は今年、天守門という素晴らしい門が（復元）完成しまして、牧野さんの首を晒《さら》す、準備があいととのっております、明日、投降された牧野さんを打ち首獄門にして、我が誇りとなる天守門に高々と掲げたいと、決意を新たにしています。仮に負ければ、この場で私が切腹しなければなりません！」

こうやって、文字に書き起こすと不穏すぎるスピーチだが、観客のおじさんおばさんたちは大爆笑であり、現場はいたってアットホームな雰囲気である。

これはいったいなんなのか。

ははーん、ホントは仲がいいんだろう！　仲がいいから言い合える軽口。打ち首獄門ギャグ。ちょっときつい冗談でも笑って受けとめてくれる友だちがいるなんて、なんだか羨《うらや》ましい。

## 中立の立場から、豊橋市が行司役を

ところで、会場に張り巡らされていた幔幕の中に、なぜか「豊橋市」の市章があった。臼《うす》のような形の豊橋市章である。

これは、この綱引き合戦を中立の立場でジャッジするため、「三遠南信」の仲間である三河の豊橋が行司役を買って出ているということなのだ。

仲の良い浜松市と飯田市を温かく見守る豊橋市。は、これは、擬人化すると萌《も》えちゃうパターンのやつだ。

豊橋市副市長の「私は木村《きむら》といいますが、庄之助《しょうのすけ》ではありません。今日だけ庄之助で公正にジャッジしたいと思います」というスピーチもウケていた。

もっとも、その前に「信州軍」と言うべきところを「遠州軍」と間違ったときに「違った、行司差し違えですね」と取り繕ったときのほうがもっとウケていたが。

そして、まだ綱引きは始まらない。

## まずはアトラクション

各来賓のあいさつが終わると、本番の綱引きの前に、アトラクションが披露される。まずは和太鼓の演奏。そして浜松のご当地アイドルH&A.の歌唱。一生懸命に盛り上げてくれる浜松のご当地アイドルだが、両市長と副市長はなぜか無表情であった。

その後、遠山郷《とおやまごう》（長野県側）のゆるキャラとおやま丸と、浜松のゆるキャラ家康《いえやす》くんの応援、武将隊と忍者隊の応援など続々と応援が続く。

和太鼓、ご当地アイドル、武将隊、忍者隊、ゆるキャラ、と、およそ今、考えうるすべての地域おこしネタを全部やっていた。

## やっと綱引きが始まります

アトラクションも無事に終わると、綱引きが始まる。とは言っても、まだ本気の綱引きは始まらない。

その前に、一般参加者が気軽に参加できる綱引きや、子供綱引きなどが行われる。勝敗には関係ない綱引きなので、かなりゆるい雰囲気でイベントは進む。

一般の人が自由に参加できる綱引きは「綱引きしたい人はどうぞー」という司会の掛け声がかかると、観客が一斉に縄に飛びつき、かなり大雑把《おおざっぱ》な綱引きが始まった。当然、ぼくも飛び入り参加したのだが、あの綱がぬるぬると動く綱引きの感覚が蘇《よみがえ》ってきた。この感覚、小学校以来かもしれない。

わけのわからないうちに、綱を引っ張っていると、ぼくのいるほうがどうやら勝ったらしい。

綱引き参加者にお菓子を配る小学生に大人が群がる。

おみやげのチョコレートをもらうと、いよいよメインイベントの「国盗り綱引き」が始まった。

## ピリピリしてきたぞ

メインイベントの「国盗り綱引き」はまず、両軍のリーダーのじゃんけんから始まる。綱を引く場所を決めるためらしい。じゃんけんに勝った遠州軍は場所を交代し、いよいよ綱引き開始だ。ここまでくるのに長かった……。

綱引きが始まる。綱がピンと張りつめる。さきほどまでののどかな雰囲気は一変。「ホワー！」という観客の喚声が山にこだまする。

綱を引いている人の顔を見ると、どの顔も無表情だ。全身に力を込めると人は無表情になる。そして綱に全体重をかけるので姿勢がすごい斜めだ。

勝負は三回行うが、一回目は遠州軍が勝ち、二回目は信州軍が勝った。一対一の同点。最後のこの一番に勝ったほうが今回の勝者となる。

真剣勝負

二回目に勝った信州軍はさらに気合いを入れる。最後の綱引きは、時間無制限で勝負がつくまでやることになる。

そして、三回目の綱引きが開始された。

応援の小学生が「信州軍がんばれー」と悲鳴に近い絶叫をしていた。もう、冗談なのか本気なのかわからなくなってきた。

あ、と思ったその瞬間、前のめりになる信州軍、どうやら遠州軍が勝ったらしい。勝負は一瞬であった。

おぉーという歓声、そして拍手。

冗談とはいえ、この綱引きに限っては冗談がどこかへ吹き飛んでしまっている熱気があった。見るほうもやるほうもみんな真剣なのだ。

## 国境の杭を打つ

峠の国盗り綱引き合戦、二〇一四年は遠州軍の勝利に終わった。

国境の杭を、総大将の両市長が打ち付けるセレモニーが県境で始まる。鈴木市長、今年は念願の杭を打ち付ける側になった。

フォトセッションでは、牧野市長の頭をコツンとしている風のポーズをおどけてとる鈴木市長の姿があった。んも～、仲いいんだから！

**仲がいいからこその真剣勝負**

津軽《つがる》と南部《なんぶ》、鳥取と米子《よなご》等、日本全国には同じ県であってもその関係が微妙にこじれている場所も多いのに、この浜松市と飯田市&豊橋市はとても仲が良さそうに見えた。

遠州軍の勝利

杭を打ち付ける浜松市の鈴木市長

「仲がいい様子を見ると萌える」という話があるが、こういうことなのかと、その気持ちが少しだけ理解できたような気がする。

そして、その仲の良さがあってこその綱引きの真剣勝負、そしてジョークとしての「国境」移動。

この感じ、どこかで見たことあるような……あ、ダチョウ倶《く》楽部《らぶ》の熱湯風呂《ぶろ》芸だ。

## 5 蓮如の聖地に県境を見に行く

住宅地や町中を縫うように引かれた県境は興味ぶかいものがある。このような県境は日本各地にあるが、石川県と福井県の県境にも、住宅地をうねるように境界線が引かれた場所がある。吉崎《よしざき》という町だ。

### 蓮如の聖地、しかも県境の町

吉崎は、福井県と石川県の境目にある町だが、福井県側はあわら市吉崎。石川県側は加賀《かが》市吉崎町《よしざきまち》と、ふたつの県に分かれて「吉崎」という町が存在している。

地図で吉崎の町のこみいった県境を見ていると、眺めるだけでは満足できない気持ちがわきあがってくる。「隣の家が隣の県」という血圧のあがりそうな県境の様子も見てみたい。

しかも、この吉崎は県境だけではない。

県境の町・吉崎（1/2.5万「大聖寺」平成8年修正測量、「北潟」平成19年更新）

（あわら市1/2500地形図、平成21年作成）

これから向かう先にはどう見ても雨を降らしそうな雲

やっぱり雨降ってきた！

室町時代、京都を追われた蓮如《れんにょ》が、ここに本拠地を構え、布教を行った吉崎御坊《よしざきごぼう》の跡地があり、浄土真宗の聖地でもある。

戦国時代に織田信長《おだのぶなが》と互角に渡り合うほどの力を持っていた本願寺の本拠地跡にも行って往時に思いをはせたい。

**雨が降ってきた……**

金沢で原付バイクを借り、南へ向かう。スマホのルート検索では北陸《ほくりく》自動車道を使って五一分と出るが、原付バイクで高速道路を走るわけにはいかないので国道8号線をひたすら南下する。

この日の加賀地方は雨が降ったりやんだりで、実に北陸らしい天候であったが、スクーターでの移動には厳しい。

途中、コンビニで買ったビニールのカッパのサイズがまったく合わず、袖口《そでぐち》のゴムが、殺意があるのかってぐらいきつく締めあげるため、手先がピリピリしだした。

さすがにこのまま鬱血《うっけつ》して指先が壊死《えし》したらいやなのでカッパを脱ぐ。しかし、脱ぐと雨が降ってくる、着る、脱ぐ……そんなことを繰り返しつつ吉崎を目指す。

このあと、県境に到着したときの感動をより強調するために、こうやって往路の苦労話を入れている。今しばらくお付き合い願いたい。

たしかこのまままっすぐでいいはず……

……吉崎

## 見逃しかける県境

加賀市で国道３０５号線に入り、田園風景と集落を交互に通り抜けつつしばらく行く。吉崎だ。そのまま素通りしそうだったが、急いでバイクを停《と》め、県境と思《おぼ》しき場所に移動する。

ちょうど、石川、福井の県境あたりで、道路のアスファルトの質が変わっている。

目印のない県境が多いなか、お役所仕事の結果とはいえ、こういう形で県境が目に見えるのは面白いし、我々県境マニアにとっては助かる（目印になるから）。

この、なんの代わり映えもしない境目から、石川県、福井県がそれぞれ広大に広がっているのだ……と考えるとちょっとロマンを感じてしまう。

アスファルトのゴチャゴチャぶりが県境っぽい（地図A）

ここだ！

ぼくの目にはこう見えるぞ！

### 住宅街の中の境目はどうなってるかな

さて、地図を確認すると、石川・福井の境界線は、記念写真を撮った国道305号線から住宅街の中に向かって入り込み、住宅街をうねるようにして突き抜け、日本海につながる湖に抜けている。

吉崎の住宅街は、とくに県境を売りにしてるわけでもないので、なんの目印もなく、そっけないものである。しかし、よく見ると石川県に飛び出した福井県のお宅や、裏路地の県境といった、おもしろ県境があり、歩くだけでもけっこう楽しい。

とりあえず、県境をまたいで記念写真

きたぞー

### 学校の先生だけ言葉が違う

さて、吉崎に住む人たちは県境についてどう思っているのだろうか？

近所にある「吉崎寺」のおばさんに、県境について話を聞い

赤い線が県境、右が石川県、左が福井県（地図 A）

自動車のナンバーも福井と石川が混在

てみた。ちなみに、吉崎寺は、戦国時代、比叡山《ひえいざん》の山法師に迫害された蓮如が、近江《おうみ》（滋賀県）から越前《えちぜん》（福井）吉崎に落ち延びてきて、最初に布教の拠点としたとされる寺だ。

――よく聞かれると思うんですけど、お隣同士で県が違って、なにか不都合はないですか？

「いや、とくにないねぇ」

——ゴミ回収やら選挙の区割りはもちろん隣同士でも県が違ってたら違うんですよね？

「そうだねえ、でも中学校は石川のほうの中学校に越境で通っとるでぇ」

——え、ということは、同じクラスに福井県民と石川県民がいるってことですか？

こんなほそーい裏路地も実は……

県境なのか！（地図B）

記念写真

**蓮如上人の聖地、吉崎寺**　ちなみに「嫁おどし肉付面」とは、姑が信心深い嫁を鬼の面をかぶって驚かせ、脅そうとしたが、鬼の面が外れなくなってしまった。しかし、南無阿弥陀仏を唱えるとポロリと外れた。改心した姑は嫁とともに浄土真宗に深く帰依した、という説話にちなむお面のこと

「そうなるねえ、昔は吉崎にも中学校があったけど、なくなったでぇ」

「このあたり（吉崎）は加賀のほうから嫁にきた人が多かった。言葉もちょっと福井のほうとは違って、昔は小学校は先生だけ言葉が違うって言われよりましたなぁ」

吉崎は、加賀の影響を若干うけているため、ほかの福井県とはまた言葉がちょっと違うらしい。そのため、福井県のほかの地域からやってくる先生だけが言葉が違うという逆転現象が起こっていたという。

## 県境までしか除雪しない

おばさんは話し終わると、わざわざ県境を案内してくれた。県境はさっきひと通り見たけれど、ここははじめて来たような顔をしておばさんについていくことにした。

おばさんの話によると、このあたりの道路は、雪が積もっても、それぞれちょうど県境のところまでしか除雪しないらしい。

石川県の除雪車は、県境のところまで除雪すると、福井県内の吉崎寺の駐車場まで来てUタ

ーンして帰っていくのだという。

ただ、だからといって住民の人は怒ったりしない。ちょうど境目だからねー、ぐらいにしか思ってないようだ。

このおおらかさは見習いたい。

ちょうどこのへんが県境ですわー

このあたりに県境の館を作るらしい（地図C）

## 「県境の館」計画

このとき、おばさんに「県境の館」という施設を建設する予定があるという話を聞いた。

「県境の館」なんていわれると聞き捨てならない。どんな施設か聞いてみたところ、吉崎の観光案内や歴史や文化を紹介するための施設を、あわら市と加賀市が共同で作る計画らしい。

**上** あっという間に完成した「県境の館」
**右上** ピンク色の敷石が福井県、白い敷石が石川県
**右中** 県境は北潟湖に抜けていく
**右下** 館内の床にも県境が描いてある。加賀国、越前国の境界標は綱引きの結果により、移動する

**そして、二〇一六年……**

金沢から吉崎まで、原付バイクで行ったのが二〇一四年の八月。おばさんの言っていた「県境の館」は二〇一五年四月に完成し、オープンした。

県境をテーマにした施設の計

上 吉崎の詳細な模型　右が北
左 湖の先に盛り上がっているのが「鹿島の森」で、かつては島であった

画を知らず、うっかり半年はやく行ってしまったため、県境マニアであるにもかかわらず、県境の館を訪れることはかなわなかった。

しかし、二〇一六年。取材として、もういちど吉崎に行くことになった。

県境の館は、あわら市と加賀市がともに出資し、それぞれあわら市と加賀市の人たちが交代で管理を行っている。

吉崎には、吉崎御坊や北潟湖《きたがたこ》という観光資源があるが、そのうえさらに「県境」も観光資源にしようと目論《もくろ》んでいる。

実際、二〇一五年の秋に「鹿

島の森伝説・越前・加賀県境綱引き」というイベントを行うなど、その力の入れようは本気だ。

県境の館は、玄関に石川県と福井県の県境が通っており、ちょうどその県境の上に吉崎周辺の模型が設置されている。

模型の前には、県境綱引きで決めた体の県境標が置かれており、ぼくが訪れたときは、石川県が福井県側に一メートル食い込んでいた。

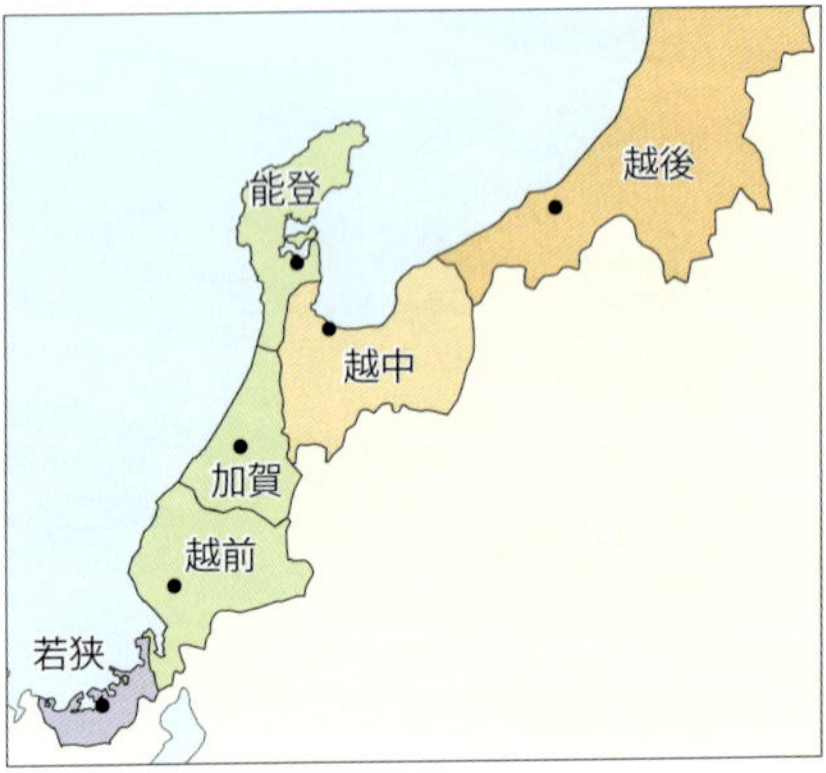

「越《こし》」の国の京都に近いほうから越前、越中、越後と名づけられた

### 吉崎の県境は大聖寺川の川筋が変わったから？

さて、吉崎の県境について、なぜ町の中に境界が引かれるようになったのかは気になるところである。

県境の館の職員にその由来を伺うと、加賀、越前の境界自体は、平安時代に定まったという。

もともと、現在の福井県から新潟県にかけては七世紀ごろまでは「古志《こし》の国」「越国《こし》」などと呼ばれていたが、六九二年ごろ、南から越前、越中《えっちゅう》、越後《えちご》と三つの国に分かれた。その後、七一八年に越前から能登《のと》が、八二三年に加賀が分立する。

北陸地方において南から越前、越中、越後と並んでいるのに、途中、加賀と能登に「越」がつかないのは、両国がともに越前の国だったためだ。

吉崎の境界もこのころに定まったと思われるが、そのころは吉崎周辺の地形が違っていた。東から北潟湖に流れ込む大聖寺川《だいしょうじがわ》は二またに分かれており、現在吉崎の町と地続きになっている鹿島の森は川の中の島だった。

平安時代に定められた境界線はおそらく、二つに分かれた南側のほうの大聖寺川の上に引かれていたのではないかと考えられる。

その後、吉崎御坊のある小高い丘の北側に、大聖寺川からの土砂が堆積《たいせき》して陸地となり、農地として開拓されると、もともと河川上にあった境界部分に吉崎の町が拡大し、蓮如が本拠地を構えたころにはすでに町の中に境界があったようだ。

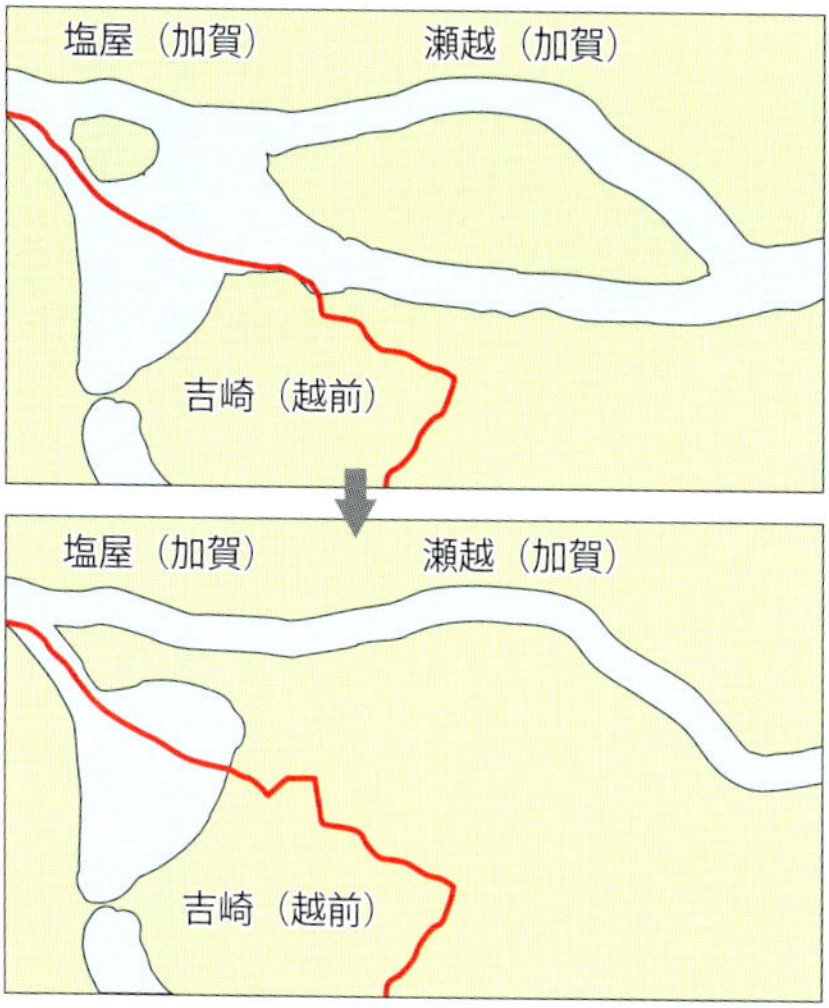

もともと川の上にあった境目が川の土砂の堆積で地面の境目になった

**まったく交流がなかった**

県境の館のおじさんによると、今まで、石川県と福井県の吉崎の町は交流がなかったらしい。

現在は小学校や中学校で越境入学する例もあるらしいが、昔はそんなこともなく、住民同士の行き来もほぼなかった。

県境の館の職員として、石川県、福井県それぞれの吉崎の町から集まった人は、郵便局に勤めていた人を除いて、ほぼ全員初対面だったという。

ひとつの町なのに、ふたつの町がある吉崎は、県境ならではの矛盾した面白さを抱える町である。

# 6 標高二〇〇〇メートルの盲腸県境と危険すぎる県境

## 県境マニアのあこがれ「福島県の盲腸県境」

「変わった形の県境クエスト」みたいなゲームがあるとすれば、ラスボス級の県境は「福島県の盲腸県境」で間違いない。

福島県と山形県、新潟県の三県境のあたりを縮尺の大きい地図で見ていただきたい。福島県が、新潟県と山形県の間に細長く続いているのが見えると思う。三国《みくに》小屋のあたりから飯豊山《いいでさん》（二一〇五・一メートル）の山頂を経て御西《おにし》小屋までが福島県の領域だ。

こういった細長い県境をぼくは勝手に「盲腸県境」と呼んでいる。このような盲腸境界は全国にいくつかあるけれど、これだけの規模のものはちょっと珍しい。

そういった意味でも、県境マニアならば一度は行ってみたい。あこがれの県境のひとつである。

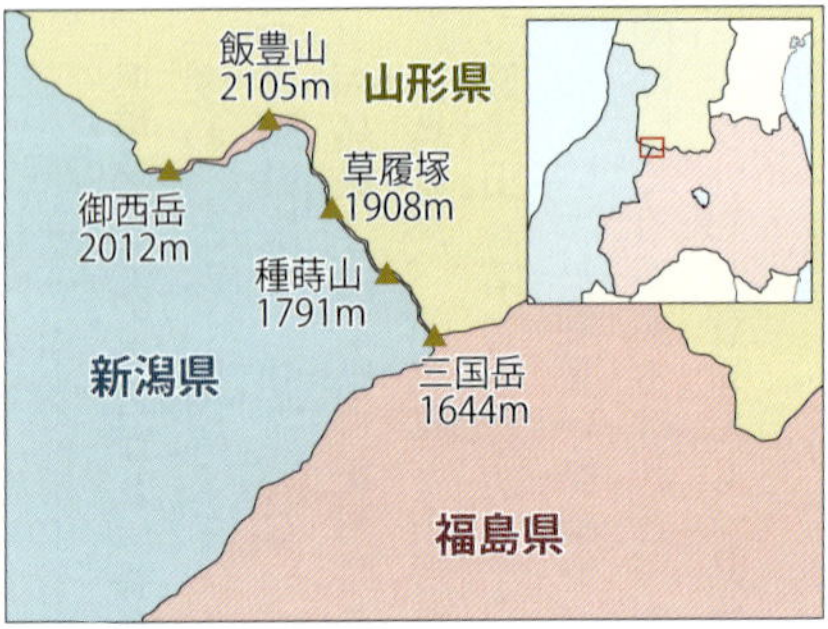

なんでこんなに細くなってんの？

飯豊山の盲腸県境にきたぞ！（地図A）

しかし、山頂である。それもちょっとやそっとで登れるような山ではない。ガッツリした登山をしなければたどり着けない場所にある県境だ。

　県境マニアは、よく冗談で「これだけ幅が狭いと、片足ずつ山形県と新潟県において、福島をまたげるかもね、アハハ」なんて言うのだが、標高二〇〇〇メートル近い山にわざわざ登ってそんな冗談をほんとに実行する人はいない。

　ただ、そんなことするやつ、いないだろうなと思うと、逆に自分が行ってやってみたくなる。というか、むしろ県境マニアとして、やらずになにがマニアかという気になる。

　……というわけで、僭越《せんえつ》ながらわたくしめが実際に行って写真を撮影してまいりました。それでは、ご覧ください（右下写真）。

そう、これ、これがやりたかった。

見てのとおり、福島をひとまたぎ。この瞬間、ぼくは何県にいるのかはっきりしない。つまり、このガニマタ状態で万引きしたら（たとえ話です）グリコ・森永《もりなが》事件みたいな広域重要指定事件になる可能性がある……か、どうかはわからないけれど、つまりそういうことである。

こんな感じで細長い県境が続く

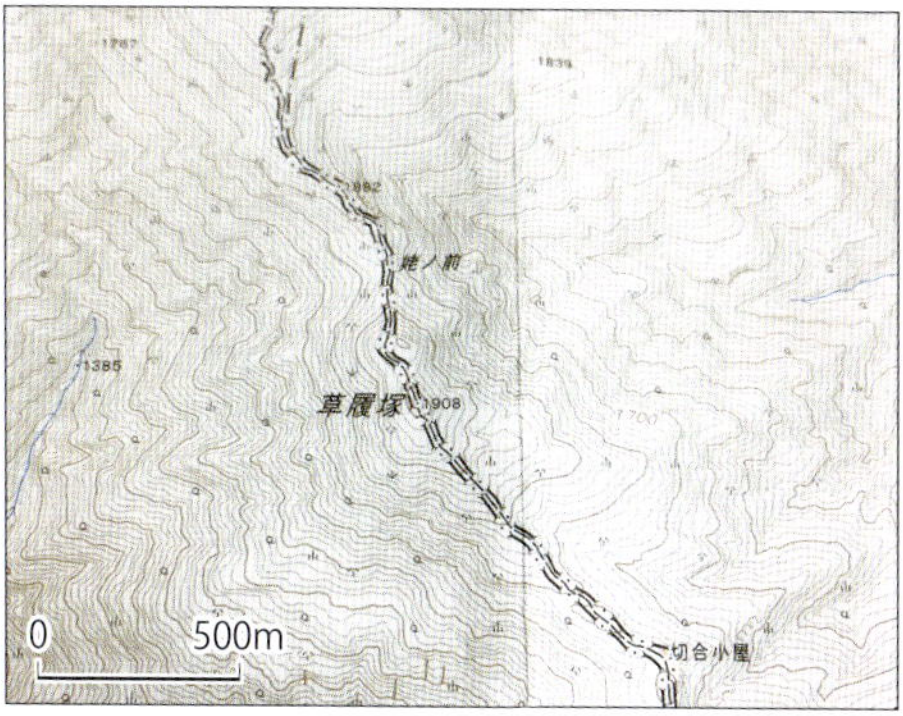

幅１メートルには見えない（1/2.5万「飯豊山」平成25年調製）

そもそも、ここから一一〇番に電話したらどこの県警につながるのか、とても気になるのだが、そういうことはしてはいけないことなのでやらない。

## どこが県境なのか、目印がない

この盲腸県境、インターネットなどの情報では「幅が一メートルたらず」などと、いかにも見てきたかのようなことを書いているところもあるが、実際に現地へおもむくと目印が一切ない。喜多方《きたかた》市山都《やまと》支所に道路台帳を確認してもらったところ、幅は一・〇メートルとのことだった。

前ページの写真は、二万五〇〇〇分の一の地図で確認しながら県境を塗り分けてみた。ちなみに写真下の国土地理院の地図で見るとこんな感じだ。これだと、どう考えても幅数十メートルはある。しかし、これは地図によくあるデフォルメした表現で本当の幅ではない。バカ正直に幅一メートルで表記すると、県境の点線より細くなってしまうので、わかりやすく幅を広げて描いている。

## ここにたどり着くまでの話を聞いてほしい

というわけで、細長い県境も見た、県境もまたいだ。やりたいことはやった。ここでこの章は終わらせてもよいかもしれないけれど、やっぱりどうしても書かせてほしい。福島県をまた

細長く続く福島県（1/5万「飯豊山」「大日岳」昭和62年修正、「玉庭」平成14年修正、「熱塩」平成９年要部修正）

磐越西線山都駅に向かいます

飯豊山ガイドの平野さん

ぐまでが、めちゃくちゃとんでもなく大変だったのだ。

盲腸県境に行くためには、なによりもまず飯豊山に登山しなければいけない。調べると、飯豊山は登山経験でいうと、中級以上の人が登る山らしい。素人がフラフラふざけて登ったりすると確実に死ぬ。

ぼく自身の登山経験は、中学生のときの遠足で登った大《だい》山《せん》（一七二九メートル）、そして数年前、仕事の企画で横須賀《よこすか》の大楠山《おおぐすやま》（二四一・三メートル。三浦半島最高峰。日本百名山の第百）に登った。それぐらいしかない。

しかも、ここ二、三年は家にこもって仕事をすることが多かったので、体の動きがにぶっているうえに、体重も驚くほど重くなっている。こんな状態で飯豊山に登りきれるのか、無事に帰ってこられるのか、はっきりいって自信がない。

県境の上でふざけるためにふざけるためにふざけるものの、ふざけて登ると死ぬのでふざけて登ってはいけない。ふざけるためにふざけられないというトートロジーみたいな話である。

東京から電車を乗り継ぎ、磐越西線《ばんえつさい》山都駅から飯豊山麓の民宿まで向かい、そこで一泊し、翌朝、ガイドの平野《ひらの》さんと合流した。

ふざけるという理由で登山して、うっかり死ぬのはいやなのでガイドの人についてきてもらうようにお願いした。背に腹は代えられない。

この程度の坂道でキツイとは、先が思いやられる

平野さんはふだんふもとの町で農業をしているが、ぼくのような初心者の登山ガイドなどをうけおい、年に何十回も飯豊山に登山するという。見た目は五十代後半ぐらいに見えるが、年齢を聞くと六十七歳だという。これはとても心強い。

そんなわけで、ぼくは純粋に山に登って帰ってくるというところだけを心配すればよかった。そこは大変助かったのだが、やはり登山が近づくにつれ、面白い県境が見られる期待と、きつい山登りがある……という不安がないまぜになって胸に迫ってくる。

いきなり沢を渡るとか難易度高くないですか！

案の定坂道がきつい！

目がチカチカしてきた

**いきなり山場を迎える**

登山ルートの選定はすべて平野さんにお願いしたのだが、平野さんは、一般的な登山ルートとは違い、尾根までの距離が短いルートで登るという。同じ高さまで登る場合、距離が短いということは、坂道がきつい、ということでもある。

あー……できれば、時間かかっても坂道が緩いほうがいいなーと思いつつ、いや、でもガイドの人が言うんだからこれでいいのだ！　納得しろ俺《おれ》。と心の中で自分を鼓舞する。ここまでくると、やはり不安のほうがでかくなってきた。

登山道の入り口からしばらく緩やかな坂が続くが、はっきりいってこの程度でもちょっとつらい。

緩やかな坂道が終わると、崖《がけ》のようになっている沢にへばりつきながら、ロープを伝いつつ登攀《とうはん》する。しめっぽい土の匂《にお》いや、にぶい色の草が代わる代わる目の前に現れては消える。境目でふざけるためとはいえ、なかなかハードすぎる試練だ。

沢を越えると、今度はほぼ垂直に近い登山道を、しばらくよじ登る。こんな感じのかなりきつい登山道をヒイヒイいいながら進む。

最初からトップギアの状態で一時間も登ったので軽い酸欠状

ほら、きれい。鳥の鳴き声がこだまする

三国岳に向かう（地図 B）

態で目がチカチカしてきた。白いキラキラしたものが目の先に見えはじめた。

さすがにちょっとやばそうなので、平野さんに言ってしばらく休ませてもらう。

叫べばやまびこが返ってきそうな深い谷が横に見える。鳥の鳴き声と沢のさわやかな音がかすかに聞こえる。目がチカチカしているからかどうかわからないけれど、山はきれいだなということはわかった。

## 危険すぎる県境で死にかける

坂道のきつい登山ルートで尾根まで出ると、今度は尾根伝いに登ったり降りたりしながら最初の山小屋を目指す。

最初の山小屋までは「剣ヶ峰」という岩がむき出しの山道が待っている。剣ヶ峰は、写真を見ていただくとわかると思うが、バランスを崩すと谷底に転落して即死亡である。

しかも、鎖を伝ってよじ登らなければならない箇所がいくつかある。登山のベテランであれば鼻で笑うかもしれないが、登山ほぼ初心者のぼくにとっては死ぬほどこわい。死ななかったけど。

さらにこわいのかうれしいのかよくわからないのは、この剣ヶ峰が、ちょうど福島県と山形県の県境だということである。

県境はほんらい、川の真ん中や、山の尾根に引かれることが多いので、日本全国にある県境の大半はこんな感じのところなのかもしれない……なんてことは、岩場をよじ登っているときは露ほども考えなかったが。

この剣ヶ峰を越えると、三国小屋である。

下山のときに撮った剣ヶ峰

手や足が少しでも滑ると死ぬ

日本一危険な県境

やっと一息つける

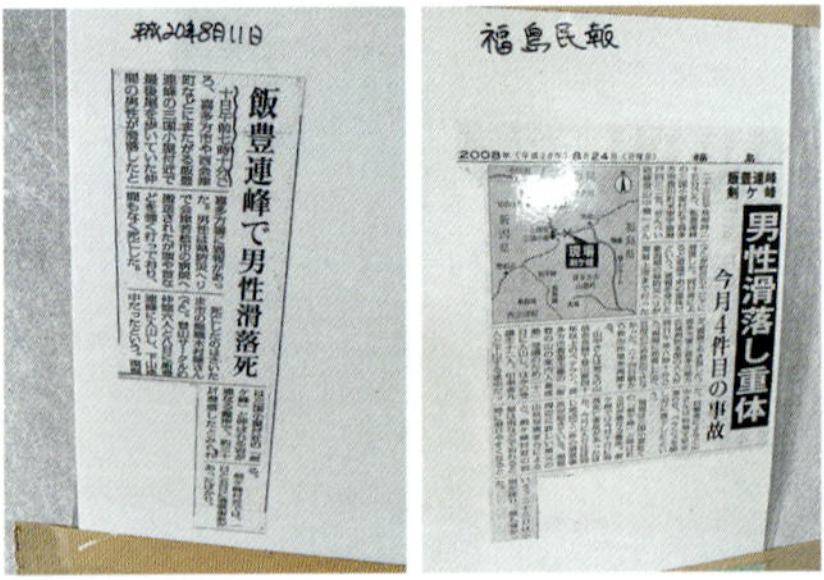


不安をかきたてる新聞の切り抜き

**盲腸県境スタートです**

三国小屋のある三国岳《みくにだけ》は、一六四四メートル。新潟、福島、山形の県境が落ち合う盲腸県境のスタート地点でもある。

三国小屋には、滑落事故を伝える新聞記事の切り抜きが貼《は》ってあり、不安をあおる。

もちろん、これは注意喚起のためだとは思うけれど、さっき死ぬ思いで歩いてきた剣ヶ峰でこんなに事故が起こっているのだと知ると、股間《こかん》がキューっとなるとともに、明日またもういちどあそこを通って下山しなきゃいけないんだと思い至り、改めてヒーッとなるのであった。

**縦走して飯豊山本山に向かう**

ここからは幅一メートルたらずの登山道を伝って、飯豊山本山に向かう。

三国小屋周辺に、なにか県境を指し示すような杭や標識のたぐいがないかつぶさに見て回ったものの、そういったものはとくに存在しなかった。

小屋を建てるときに目印にしたと思われる測量用の標識らしきものはあったのだが、これはとくに県境とは関係がないようだ。

ひとまず、登山道に沿って先に進むことにする。

『Geographica（ジオグラフィカ）』（http://geographica.biz/）というアプリを使って歩いた場所をマッピングしていたのだが、ちゃんと盲腸県境の上をたどるように歩いているのがわかって面白い

雲がかかっている先が飯豊山山頂だ

正直、尾根の縦走をなめていた。最初の急勾配《きゅうこうばい》よりも、勾配はそんなにきつくないから大丈夫だろうと。しかし、そんなことはなかった。

少し登ったと思うと、すぐ下ってまた登る。その繰り返し。「山頂を目指す」という目的があるのに、下らなければいけないもどかしさ。いちいち登った分がチャラになっちゃうという心理的負担は大きい。

そんな気が重くなる縦走で唯一気持ちがおちつくのは、景色のすごさだ。

谷すじに沿って残る残雪、雲でかすむ稜線。見渡すかぎりの山々。

三国小屋から先が幅1メートルの県境である

残雪がいたるところに残っている

「きれい」とか「うつくしい」という言葉を尽くすよりも、「すごい」といったほうがいいかもしれない。景色がすごい。

## なぜ盲腸県境なのか？

さて、この盲腸県境。いったいなぜこのようなことになったのか。その歴史をひもといてみると、飯豊山の信仰の山としての一面が見えてくる。

このあたりの山地は、古来越後、出羽《でわ》、会津《あいづ》の三ヵ国の境目にあたり、分水嶺《ぶんすいれい》でもあった。飯豊山を水源とする川は、それぞれ阿賀野川《あがのがわ》、荒川《あらかわ》、最上川《もがみがわ》となって、ふもとに、豊かなみのりをもたらした。そのため、古くからふもとの人たちの尊崇を集めていた。

「飯豊山」の語源は、一般的には山の形が「飯を豊かに盛った」ように見えるため「飯豊」と名付けられた、と説明されることが多い。しかし、「いいとよ」ではなく、わざわざ「いいで」と読む理由については、諸説ある。

フクロウの古語「いひとよ」からフクロウの住む山の意味で「いいとよやま」が「飯豊山」となり「いいでさん」と読むようになった説。『陸奥国風土記《むつのくにふどき》』逸文にある、顕宗《けんぞう》天皇の姉飯《いい》豊青皇女《とよあおのひめみこ》が御幣《ごへい》を奉納した話からきた説。ふもとにわく温泉から「いで湯」が「いいで」となった説などあるが、どれも有力な説ではなく、由来ははっきりしていない。

飯豊山山頂の飯豊山神社は、六〇五年に役小角《えんのおづの》と、中国からの渡来僧、尊通国師智道《ちどう》によ

すごい眺めだ

って開かれたといわれているが、これも諸説あり、行基《ぎょうき》や、空海《くうかい》、山伏になった猟師説などもある。

そもそも、飯豊山地を含む東蒲原《ひがしかんばら》郡は越後国の一部であった。しかし、平安時代の末期に、越後の豪族、城《じょう》氏が会津の磐梯町《ばんだいまち》にあった恵日寺《えにちじ》に土地を寄進して以来、会津の一部として、そして江戸時代には会津藩領として歴史を刻んできた。

十六世紀末には、会津側の一ノ木《いちのき》村（現在の喜多方市山都町《やまとまち》）からの登山道が整備され、飯豊山神社の表参道とされた。江戸時代に入ると、会津や米沢《よねざわ》の子供たちは、十四歳から十五歳になると、飯豊山に登山をし、御秘所《おひそ》という難所を越えたら一人前の男と認められたという。

この御秘所も、剣ヶ峰に勝るとも劣らない

こわい岩場である。

このように、飯豊山という山と会津は昔から切っても切れない縁があった。

幕末、会津藩は戊辰《ぼしん》戦争で新政府軍に敗北し、明治維新後、会津藩領は福島県に組み込まれることとなる。

御秘所　左右どちらに落ちても死亡する

いちおうここも県境である

御秘所の看板

御秘所から谷底をのぞむ……こわー

その後、福島県は県庁をどこに置くかでごたつく。福島県庁が置かれた福島市は、広大な福島県の領域の中で、少し北東に寄りすぎていた。そのため、一八八三年（明治十六年）、福島県会は県庁を郡山《こおりやま》市へ移転するべしという建議を発議し、一八八六年、多数決で県庁移転を可決した。

しかし、県庁移転反対派は可決後も反対運動を続け、一時は両派の激突も心配されるほどの緊張状態に陥る。

一八八七年、内務省は福島県庁の移転について、福島県会の可決した移転上申書を無視し、なぜか「福島市の県庁から遠すぎる」という理由で、会津藩領から福島県へ編入されていた東蒲原郡を新潟県に編入するという処分をくだした。

このさい、飯豊山も東蒲原郡と一緒に新潟県へ編入されることになった。東蒲原郡は、実に七百年ぶりに越後国へ戻ることになったのだ。

ところが、事はこれでおさまらなかった。一八八九年、新潟県の実川村《さねかわ》（現在の阿賀町《あがまち》）から飯豊山神社を新潟県東蒲原郡の郷社（国家が神社を管理するうえで設けた格式のひとつ）にしたいという願いが出された。この願い出に一ノ木村が猛反発。争いになった。

ふもとの飯豊山神社（喜多方市山都町一ノ木）

飯豊山は古来越後の山だとし、境界線は分水嶺上に引くべしとする実川村の主張に対し、一ノ木村はひとつずつ反論し、とくに境界に関しては、境内地も道路敷きも一ノ木村の地籍となっているとして、実川村の主張を真っ向から否定した。

結局、当事者同士での話し合いでは解決がつかず、福島県と新潟県は一八九二年に内務大臣の裁定を仰ぎたいと、当時の内務大臣に上申した。

しかし、そこからぱったりと記録がなくなる。飯豊山の県境問題が再び記録に現れるのはそれから一六年も経《た》った一九〇八年（明治四十一年）である。

この年、宮城県、長野県の大林区署（現在の森林管理局）、一ノ木村、実川村の関係者が実際に飯豊山に登山し、実地調査を行い、同年九月十三日、東蒲原郡郡役所で、裁定が行わ

あの石積みのあたりが山頂だ

あ、あともう少し……

れた。

この裁定で、宮城、長野両大林区とも一ノ木村の主張を全面的に認め、飯豊山神社の境内地と登山道は一ノ木村に帰属すると決まった。

この裁定により、飯豊山神社の参道は福島県の一ノ木村の領域だということになり、紛争はおさまり、細長い県境が残った。

つまり、この細長い県境はすべて飯豊山神社奥の宮に通じる参道ということである。

**ついに本山小屋に到着**

さて、飯豊山登山である。

御秘所を越え、尾根をさらに歩くと本山小屋のある山頂に近づいてきた。あともう一息、朝五時から登山を始め、すでに一〇時間が経過している。もう、気力のみで歩いている。ロールプレイングゲーム風にいうと、HP（体力）は五ぐらいで、MP（魔力）はゼロだ。

目の前に本山小屋が見えてきた。一歩一歩確実に歩を進め、ついに到着。信じがたいことに、この、運動不足の登山初心者のおっさんが、標高二〇〇〇メートルにある本山小屋まできてしまった。

つ、ついた

信じられないけれど、本山小屋に到着してしまった

県境を見られた。というものとはまた少し違う満足感があるといえばある……これか、山登りの魅力ってのは……。

ほんの数ヵ月前まで、ぼくは一生山登りせずに生きていくのかなと思っていたけれど、なんの因果か標高二〇〇〇メートルの山に目をチカチカさせたりヒーヒーいったりしながら登りきってしまった。

信じられない。

山の夕焼けもいいな

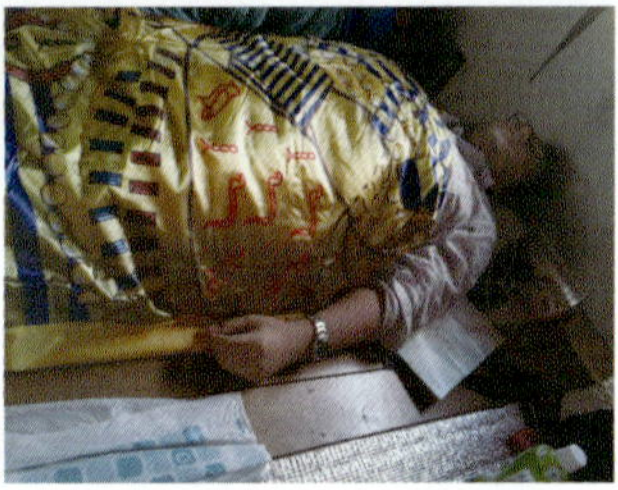

左 人生で２番目にうまいコーラを飲んだ（１番はインドのアグラーのバザールで飲んだコーラ）
右 山小屋は日暮れとともに消灯である

山小屋では、レトルトのカレーを食べ、夕焼けを眺め、そして寝た。

## 翌朝、飯豊山山頂を目指す

翌朝は五時前に目が覚めた。山小屋は雑魚寝で、小屋の中でおならをするのがはばかられたので外ですべく、小屋の外に出た。

あ、太陽だ

朝日に映える飯豊山神社

外に出ると、ちょうどご来光だった。この神々しさにうっかりおならをするのを忘れてしまった。

さて、ここまできたのだから、山頂まで行かなければなるまい。本山小屋から歩いて二〇分ほどの場所が、飯豊山山頂だ。

平野さんの話によると、本山小屋から山頂まで向かう尾根の道の少し下に、これよりさらに西の、神社の奥の院へ通じる参道が昔はあったそうだ。しかし、今は奥の院が撤去されてしまったので、使う人もいないという。

盲腸県境が、本山小屋周辺で少し膨らんでいるのは、その旧道と新しい道のふたつを含んでいるため、少し幅があるのだという。

そうこうするうちに、山頂にやってきた。

なんどもいうが、あの登山初心者の、どっちかっていうと、登山なんか一生しないと思っていたぼくが、山頂に立って記念写真を撮るというのが信じられない。

ほんと生きてると何が起こるかわからない。

## 登山は下山

山登り、何が面白いんだろう。と、そう思っていた。

ただ、こんかい県境にほだされて山に登ることになったわけだけれど、山頂に到達したときの達成感たるや、これはたしかにハマる人の気持ちもわかるかもしれない。とちょっと思った。

しかしながら、登山の大変さは下山にあった。登りより下りのほうが楽《らく》そうだなんてのは浅はかな素人考えである。

実は、下山は登るときよりも体中の筋肉を使ううえ、膝《ひざ》にとんでもない負担がかかるということを身をもって知った。

山頂へ向かう道の下に旧参道がある

左 平野さんを先頭に山頂に向かう
左下 朝焼けに映える山頂の標識
右下 こんな記念写真を撮るなんて思ってもみなかった

これは、おそらく登山好きの人なら誰でも知っている事実かもしれないが、あえて書かせていただく。登山は下山がいちばんの山場であると心得たほうがいい。

もうフラフラになりながら、なんでこんなに坂道が急なんだ！　とあてのない怒りをブツブツつぶやきながら下山し終わったときにはもう体中が筋肉痛で、動きが完全にロボットダンスであった。

県境を見られたのはもちろん面白かった（なんにも標識はなかったけれど）。そのうえ、登山の魅力というものを少しだけ垣間見《かいまみ》たのは収穫であった。

## 7 福岡県の中に熊本県が三ヵ所もある場所

福岡県大牟田《おおむた》市の中に、熊本県荒尾《あらお》市の飛び地がある。

市街地の中にある県境を越えた飛び地としては、埼玉県新座市の中にある東京都練馬区西大《にしおお》泉町《いずみまち》と双璧《そうへき》をなす飛び地だとぼくが勝手に思っている飛び地だ。

県境マニアのぼくとしては、これはぜひとも行っておきたい。

### 県境をまたいだ貴重な飛び地

県境をまたいだ飛び地は日本全国にいくつかあるものの、とりわけ市街地にあり気軽に訪れることができる飛び地は中国地方以西の西日本ではここにしかない。

県境マニアとしては、不思議な形の県境としての飛び地もやはり気になってくるものである。

そういう意味で、長年のあこがれであった大牟田市にある荒尾市の飛び地に向かった。

西鉄大牟田駅

福岡市天神《てんじん》の西鉄《にしてつ》福岡（天神）駅から電車で一時間。万博のパビリオンのような形をしている西鉄大牟田駅の駅前でレンタサイクルを借り、福岡県と熊本県の県境に向かう。

途中、飛び地の位置を確認するために大牟田市の地図を購入。境界線は、スマートフォンで見られるネットの地図では表示されなかったり、ズームアップすると境界部分がいい加減で消えてしまうこともあるため、位置がつかみにくいのだ。

ネットの地図はとても便利なのだが、飛び地・県境マニアにとっては使いづらい部分もある。

**福岡、熊本県境に到着、第一の飛び地へ**

駅から自転車で一五分ほど南下すると福岡、熊本の県境に到着。

県境〝あるある〟として、県が変わると歩道や道路のつくりが変わる、ということがあるが、ここも熊本県側と福岡県側で歩道の色が違う。パッと見たところ、熊本県側のほうが歩道がきれいに整備されている（90ページ写真）。

この県境の場所からさらに住宅地に入っていった場所に飛び地のひとつがある。熊本県荒尾

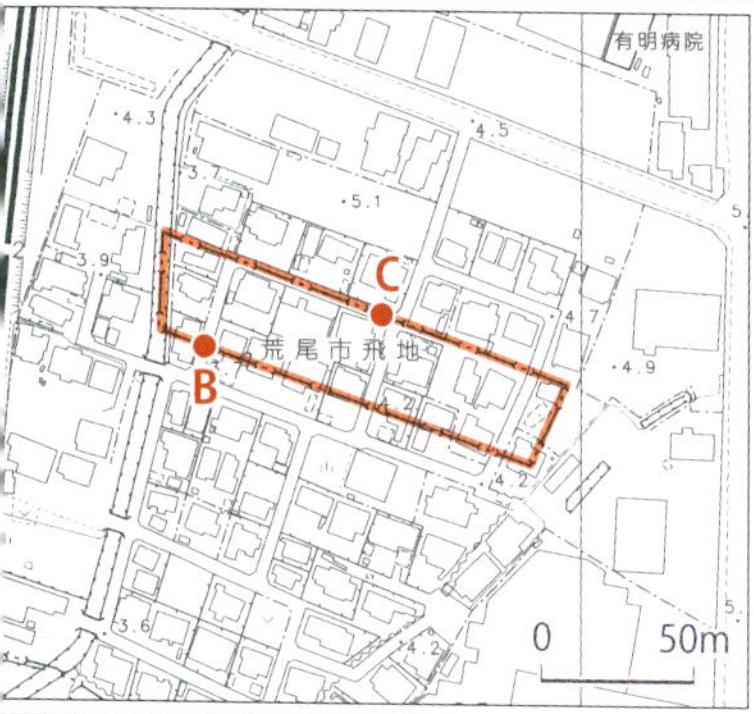


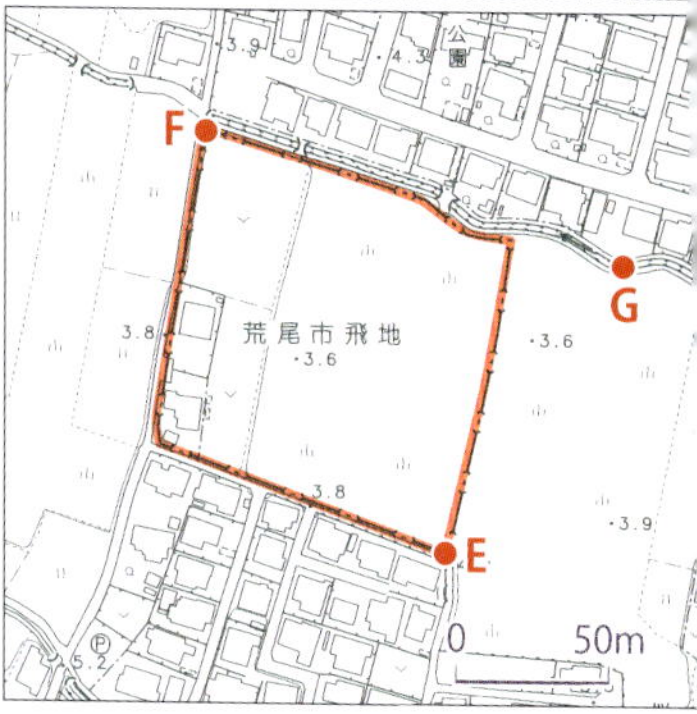


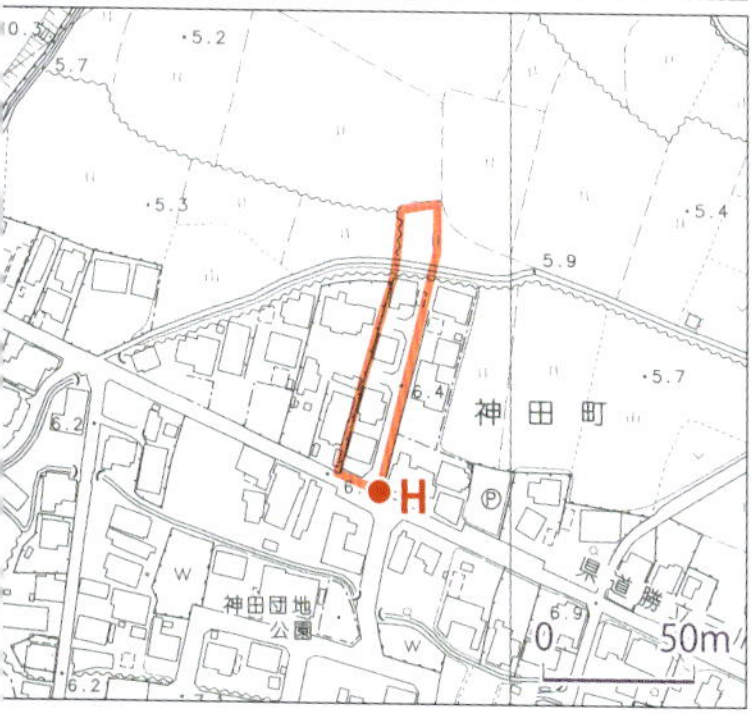


上 荒尾市の飛び地（1/2.5万「大牟田」平成23年更新）
左中 上井手の飛び地
右中 本井手の飛び地１
下 本井手の飛び地２（大牟田市1/2500「大牟田市基本図35・36」平成26年修正）

市上井手《かみいで》だ。

普通の住宅が立ち並ぶ静かな住宅地だが、この中に飛び地があるというのだ。心眼でもって境目を見るためのイメージトレーニングをしつつ飛び地を探す。

しかし、さっき買った地図では縮尺が大きすぎ、いったいどこからが飛び地なのかわからないので、散歩していたおじさんに話を聞いてみた。

「すみません、このあたりに飛び地があるって聞いて見にきたんですが……どこが飛び地ですかね？」

「あぁ？　駅はもっと向こうだよ線路越えて……」

「あの、駅じゃなくて飛び地見にきたんです」

「え？　天理教の教会ならもうちょっと向こう……」

歩道のつくりが違う（地図Ａ）

「いや、大牟田市の中に荒尾市があるって聞いたんで、その飛び地を見にきたんですよ」

「ああ、飛び地？　それならここの並びが全部熊本」

はぁ、やっと通じた。

おじさんの話によると、この並びの建物七軒ほどが、福岡県の中にある熊本県の飛び地だという。

「この飛び地、どうしてできたのかご存じですか？」

「昔はこのへんはなんにもなかったとですよ、みんな埋立地で荒れ地だから、そこの道しかなかった、そこの道を通って遠足に行ったもんたい」

「昔からこちらにお住まいなんですね、このあたりが飛び地になったのは……」

「ばってん電気屋のあたりはみーんな鉱業所の社宅だったとよ」

家の敷地に県境があると説明するおじさん（地図B）

「へぇー、今は社宅がなくなってロードサイドの店舗になってるわけですか。なるほど……。ところで、ここだけどうして荒尾市の飛び地になったのかご存じですか？」

「車のナンバーも熊本と福岡で違うとですよ」

「ほう、家が隣同士でもナンバーが違うって面白いですね。県境ならではですね。ところで、荒尾市の飛び地がなぜできたかってのはご存じですか？」

「うーん、知らんな」

手をかえ品をかえ、飛び地の由来に関する手がかりを聞き出そうとしたが、よくわからなかった。

ただ、たしかに停まっている車のナンバーが、道を挟んで熊本ナンバーと久留米《くるめ》ナンバーに

向かって左が熊本県、右が福岡県の通り（地図C）

ナンバープレートの地名が違う

分かれているのは確認できた。

おじさん、ありがとう。

## 廃線跡に寄り道しつつ第二の飛び地へ

ところで、ネットの地図でこのあたりを見てみると、なんだか四角いものが等間隔に並んでいる場所があった。

この四角いものはいったいなんなのか？ 飛び地をめぐる道すがら、近くまで来たので立ち寄ってみると、果たしてそれは鉄道の廃線跡にそびえる鉄塔だった。

これは、三井《みつい》三池《みいけ》鉄道という鉄道の廃線跡だ。

大牟田は、炭鉱の採掘で栄えた町である。炭鉱は一九九七年（平成九年）に三井三池

三井三池鉄道の廃線跡（地図D）

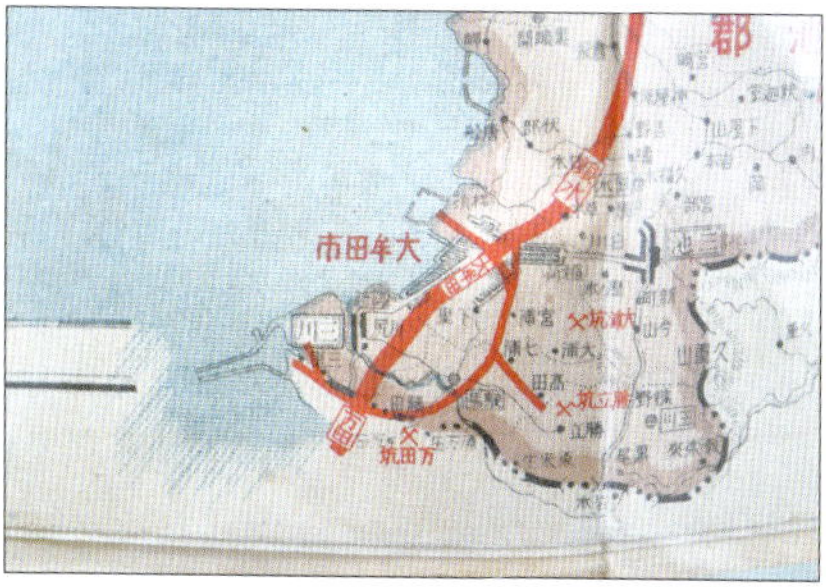

昭和2年の大牟田市地図（駸々堂『日本府県管内地図 福岡県』）

炭鉱が閉山し、今は採掘されていないが、その遺構は二〇一五年に「明治日本の産業革命遺産　製鉄・製鋼、造船、石炭産業」の構成遺産のひとつとして、世界遺産に指定された。この三井三池鉄道の廃線跡もそのときに世界遺産として指定された。

昔は、石炭を積んだ列車や鉱業所の通勤列車などが走っていたが、一九九七年の三井三池炭鉱の閉山とともに廃止となった。

一九二七年（昭和二年）の大牟田市の地図を見てみると、市街地を取り囲むように、ぐるりと線路が描かれているのが確認できる。

**言い訳できない何もなさ**

さて、廃線跡を見るのもそこそこに、つづいて訪れたのは熊本県荒尾市本井手《ほんいで》という飛び地だ。大牟田市内にある荒尾市の飛び地の中ではいちばん大きい。

目の前に現れた飛び地は、ただただ広い農地だった。

今まで人に「飛び地といっても現地に何かあるわけじゃないのに、何が面白いの？」と言われ続けてきた。

県境マニアかつ飛び地好きとして、そんなときは決まって、やれ「心の目で県境を見ろ」だの、「停まってる車のナンバーが違って面白い」だのと、必死に県境や飛び地の面白さを説明しようと頑張ってきたが、さすがにこれはなんとも言い訳できないほど何もない飛び地である。

本当に何もない。農地と書いたものの、何も耕作されてない部分も多いので、どちらかというと、ただの荒地といったほうがいいかもしれない。

しかしながら、やはり県境のある飛び地であることには変わりないので、何枚か写真を撮っていると、大牟田市側にお住まいのおばあさんが家から出てきた。

おばあさんはぼくを見かけるやいなや「（枯れ草が生い茂ってて）火災がこわかとですよ」と訴えてきた。

大牟田市側にお住まいの女性（地図E）

　話を聞くと、昔田んぼだったこの飛び地は、持ち主が耕作をやめてしまったため、今は荒れる一方で、市役所に頼んでもちゃんと草刈りをしてくれないというのだ。

「実はぼく、町の中に飛び地があるのがちょっと面白いなと思って、東京から見にきたんですよ」

「へぇー、東京から、土地を買うため？」

「いや、土地は買わないですけど

……、個人の趣味で。ここの飛び地はほとんどが荒地になってますけど二軒だけお住まいの方がいらっしゃいますね」

「そうですよ、そこの二軒の家は郵便も熊本からきよっとですよ、選挙も荒尾さ行かんなんし(行かなきゃいけないし)」

「ごみ収集も熊本からですか?」

飛び地にハウスと家が 2 軒だけある（地図 F）

打ち捨てられた自転車（地図 G）

「ごみ収集は……頼んであるけん、(大牟田市と)一緒じゃなかろか。学校も汲《く》み取《と》りも……。選挙とか、郵便物が向こう(荒尾市)から来よるさですね」

「そうですか、大変ですね」

「市役所から来とんなはるば(来てるのだと)思って、ハハ」

市役所の人だと思われていたらしい。最初、火災がこわいということを、ぼくに訴えていたのはそのせいだった。

改めて、この飛び地をぐるっと回ってみたけれど、たしかに、何もない。ただ飛び地の横に打ち捨てられていた自転車が、動物の白骨死体のようで諸行無常を感じさせる。

## 飛び地のハウスで花を育てている

飛び地となっている荒地の脇を写真を撮りつつ歩いていると、パイプを杖《つえ》に散歩するおじさんと出会った。話を聞いてみると、飛び地の中にあるハウスで花を育てて店で売っているのだという。さっき飛び地の中にあったハウスだ。

「お父さんがハウスで育てた花は熊本県の農産物として出荷されるんですか?」

「いや、うちの住所は大牟田だから」

「じゃあ、福岡県の農作物になるんですね」

花屋のおじさん

「借地で育てとるだけだから、まあ、今はもう出荷はしとらんですけどね」

いくら他県の飛び地で栽培したものでも、自宅のある県の農作物としてカウントされることがわかった。

ということはもし仮にぼくがここの農地を借りて、農業を始めれば、東京都の農作物としてカウントされるのだろうか？

詳しいことはわからない。

「ところでなんですが、荒尾市の飛び地はなぜできたかご存じですか？」

「たしか、昔、肥後《ひご》藩と立花《たちばな》藩が、交換したとですよ」

「交換ですか？」

「立花藩（現在の大牟田市にあった藩、三池藩）が田んぼで使う用水を肥後藩（現在の熊本県）のほうから引かせてもらう代わりに、土地を肥後藩と交換したんだったかな」

「ということは、そのころの境界がそのまま残ってるんですね」

## 江戸時代の用水問題が発端

条里制の区割りを残す農地（国土地理院撮影の空中写真〔2016年撮影〕）

大牟田市に残る三つの飛び地の由来は江戸時代の農業用水が元だった。

一六七三年（寛文《かんぶん》十三年）には、三池藩と肥後藩が農業用水の紛争解決に関する覚書を取り交わし「堰《せき》料として一町、溝料として五反、藤田村から井手《いで》村へ差し出し置き候」という文書が残っている。

おそらく、農業用水に関する問題はそれ以前、戦国時代ごろからあったのかもしれない。

ちなみに、この飛び地についている「井手」という地名は、川から田んぼに水を引き入れるための堰のことである。

さらに付け加えると、本井手の

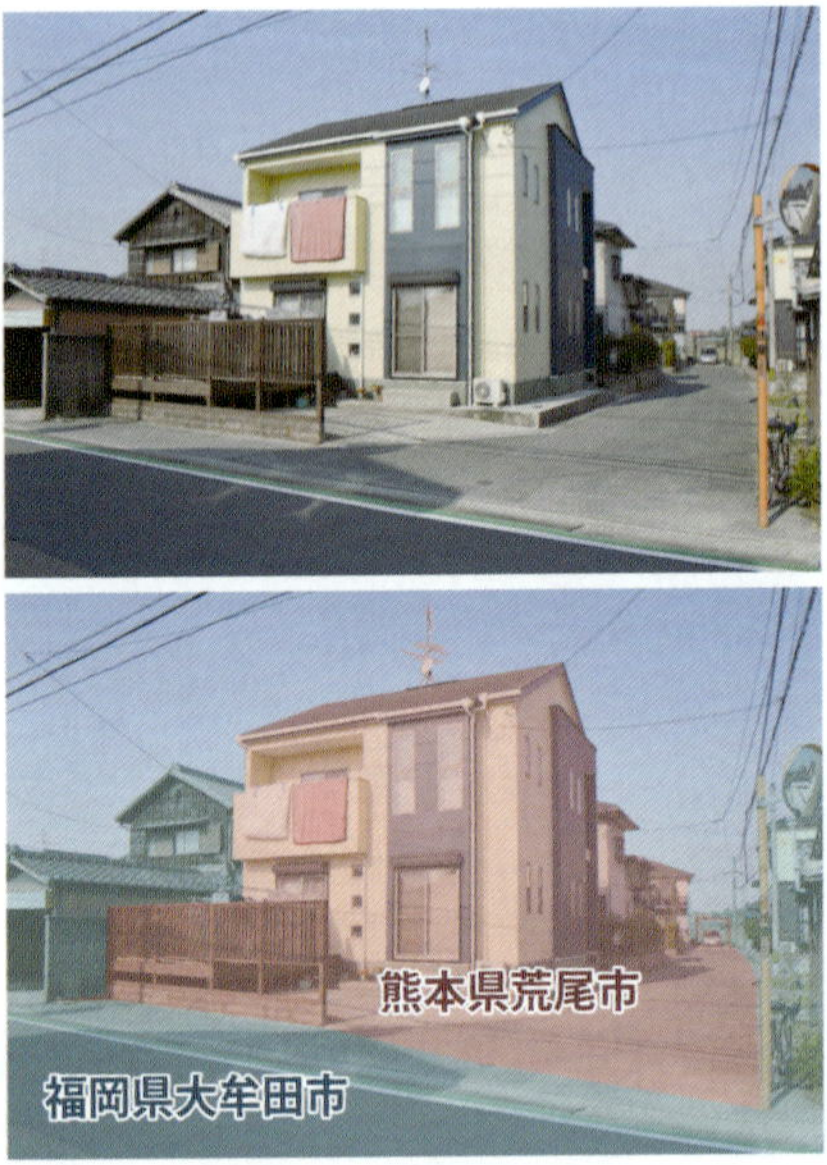

荒尾市本井手の飛び地（地図H）

飛び地は、地図で見ると一辺が約一〇九メートルのほぼ正方形であることがわかるが、これはまさに条里制の農地の名残と思われる。

条里制とは、奈良時代に定められた農地の区割りのことだが、航空写真をつぶさに観察すると、本井手のまわりの農地も、条里制の区割りを残しているのが見て取れる。三池藩は、その条里の一区画を肥後藩に提供したのだ。

## 大海に浮かぶ軍艦のような飛び地

花屋のおじさんに道順を聞き、第三の飛び地へと向かった。この飛び地も熊本県荒尾市本井手である。さっきの大きい飛び地の子分のような飛び地だ。

この飛び地には、四軒ほどの住宅がある。

福岡県の中にポツンと南北に細長い飛び地に並んで建っている住宅は、県境の心眼で見ると、さながら大海に浮かぶ軍艦のようでもある。いい飛び地だ。

ただ、見た目はとくに変わった様子もない普通の住宅街である。

## 江戸時代と地続きの現代

以上、福岡県の中にある熊本県の飛び地を見て回った。

わかったのは、このあたりの用水確保の苦労が、地名や境界の名残として、幕末維新、第二次大戦を経ても変わらず、いまだに残っているということだ。我々は、奈良時代や江戸時代から地続きの世界に生きているということをしみじみと実感した。

## 8 日本唯一の飛び地の村で水上の県境をまたぐ

日本で唯一、村全部が飛び地となっている自治体、和歌山県東牟婁郡《ひがしむろぐん》北山村《きたやまむら》。県境マニアとしては、行かずにはおれない聖地のひとつでもある。そんな北山村で、川の上にある県境をまたいできた。

**日本でここだけ。村まるごと飛び地**

県を越えた飛び地は日本各地にいくつかあるけれど、ひとつの自治体まるごとがそのまま飛び地となっているのは、和歌山県の北山村しかない。ちなみに地図で見てみると次ページのとおり。

ちょっとわかりにくいので、白地図に色付けしてみた。

ご覧のとおり、北山村から本体の和歌山県に行こうと思うと、必ず三重県か奈良県を通過し

8 日本唯一の飛び地の村で水上の県境をまたぐ

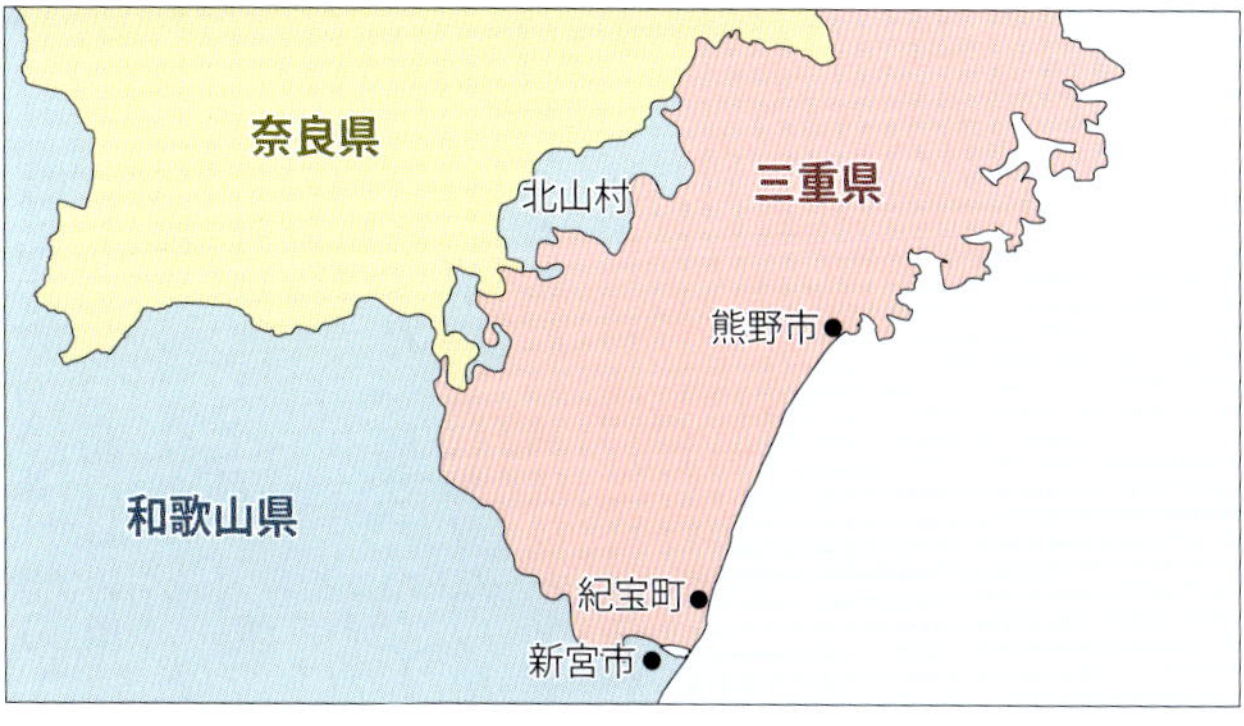

北山村の観光筏下り（写真提供・北山村）

このあたり、県境では？

なければ行き来できない（ちなみに、北山村の南西のほうに、もうひとつある飛び地は新宮《しんぐう》市の飛び地）。

いったいなぜこんなことになってしまったのか。その経緯の謎《なぞ》はひとまず置いておき、この北山村について調べてみた。北山村は、夏場は観光筏《いかだ》下りやキャンプなどで賑《にぎ》わう村で、とくに観光筏下りは、北山川の急流を筏に乗って下るというアトラクションである。

ここでふと思う。北山村の県境は、ほとんど北山川の川に沿って引かれている。その川を下るということは、すなわち、川の上の県境をまたぎながら下るということにほかならないのではないか。

県境マニアとしては、ぜひ、筏に乗って川の上の県境をまたいでみたい。

## 近いけれど時間がかかる熊野地方

公共交通機関で北山村に向かうには、まずは三重県熊野《くまの》市を目指すことになる。

今回は時間の都合で夜行バスを使ったが、仮に新幹線と特急を乗り継いでいくと、東京駅から紀勢《きせい》本線の熊野市駅まで約五時間はかかる。新幹線にそのまま乗っていけば、博多《はかた》まで行け

ものすごい時間かかったな……

北山村村営のバス

北山村までの道すがら、大きなダムがあった

てしまう時間だ。

熊野地方、東京からだと直線距離ではそんなに遠い気はしないが、行くのにけっこうな時間がかかる。

北山村への村営バスが、熊野市駅から一日二便出ている。

乗り込むと、運転手のおじさんが「筏下りするんだったらバス代無料だから」とぶっきらぼ

いかにも熊野の山奥といった雰囲気がただよう

北山村の中心街のひとつ

コンビニで、熊野名物のめはり寿司を売ってました

うに教えてくれた。筏下りの参加者は、熊野市駅と北山村の往復のバス代が無料になるらしい。

熊野市駅からバスに乗り、山道を揺られながら北山村へ向かう。山肌にポツリポツリと住宅が立ち並ぶ山村ならではの景色が五〇分ほど続いたかと思うと、北山村の観光案内所に到着した。

北山村の観光案内所は、筏下り観光の受付所にもなっており、この周辺に宿泊施設や温泉、

観光客多い！

観光センターにあった昔の筏流しの写真

新宮では、北山村などから運ばれた木材が大量にストックされていた

筏下り客専用のバス

北山村唯一のコンビニ（夕方には閉まる）が存在する。

筏下りの集合場所となっている「北山村観光センター」は、筏下り体験の人たちでごった返していた。

山間の静かな村……という雰囲気はまったくなく、普通にハイシーズンの観光地だった。

しかし、なぜ北山村で筏下りなのか？　北山村はもともと林業で栄えた村である。昔は、北山村で伐採された木材は、川で組み立てられ、筏となって北山川を下り、下流の新宮市まで運ばれて出荷されていた。

その筏を操って河口まで運ぶ人たちのことを筏師といい、北山村には筏師がたくさん住んでいた。

ところが、昭和四十年代に川の途中にダムがつくられ、筏による木材の出荷は行われなくなった。ただ、筏下りの伝統は観光資源として残った。

観光筏下りは、そのころから行っている北山村の観光の目玉でもある。

**川の上の県境を……またいだ！**

筏下りの時間がやってきた。送迎用バスに乗り込み、筏下りのスタート地点に向かう。

みごとな眺めの北山川、もちろんこのあたりも県境である。

通常、川の上や湖の上に引かれた県境にはなかなか近づくことができないのだが、この北山川の県境はわざわざ筏下りで県境をまたがせてくれるのだ。県境マニアのため作ったわけではないかもしれないが、県境マニアにとっては実にありがたいレジャーである。

いい景色

県境をわかりやすく色分けするとこんな感じだ

ATM の順番待ちみたいな感じだけど、筏です

水上の県境を舟的なものでまたいだり越えたりできるのは、ここか矢切《やぎり》の渡し（東京都葛飾《かつしか》区と千葉県松戸《まつど》市）ぐらいではないだろうか？

筏には、座る椅子《いす》と手すりがついており、急流で筏が大きく揺れても振り落とされないようにはなっている。

このあたりは、県境など関係なく、ラフティングやカヌーなどのレジャーを楽しみに来てい

いよいよ出発である

急流に近づくぞー

県境に近づくぞー

る若者の観光客が多く、渓谷には楽しげな歓声がこだましている。

出発した筏はゆっくりと川の真ん中＝県境に近づく。県境だ。これ、これがやりたかったのだ。水上の県境を直《じか》にまたげる貴重な場所である。

ふたつの県を踏みしめるということの醍醐《だいご》味《み》。地上ではなんども経験しているものの、水上でふたつの県をまたぐというのは、地上とはまた違ったおもむきがある。

あれ、なかなか県境に近づかない

県境きた！　またいだぞ！

空中写真でいうとこのへんだ（国土地理院撮影の空中写真〔1976年撮影〕）

想像してください、真ん中あたりが県境です

じゃばらのジュース

はっきり言って、この県境も、本当にここであってるのかどうかは、ぼくの感覚しだいというところもあるが、いずれにせよ、川の真ん中に県境が引かれていると考えれば、おおむね間違いはないだろう。

ひとまず、目的は達せられた。

## ゴールで解体される筏

筏は、最初の急流を過ぎると、ゆっくり進みはじめた。このあたりは、水深が深いので、川の流れがゆっくりしている。

流れがゆっくりでかつ、谷底なので、あたりがシンと静まり返っている。セミしぐれもなんだか控えめだ。

しばらくすると、船頭さんがジュースを配りはじめた。

北山村は「じゃばら」という柑橘類《かんきつるい》が名物だが、そのジュースだ。かぼすやゆずに近い、さわやかな風味のおいしいジュースである。

じゃばらは、日本でも北山村にしか自生しない不思議な果実で、数年前からじゃばらをジュースにして売り出したところヒットし、今では村をあげてその生産を行っているという。

船頭さんは、夏場は筏下りの船頭の仕事をして、筏下りが終わる秋にはじゃばらを収穫し、そのじゃばらを冬場に缶ジュースにしている。

県境すれすれを行く筏

ゴール見えてきた！

ゴール地点で解体される筏

ジュースを飲み終わると、また急流にさしかかる。

急流と緩やかな場所を何回か繰り返し、筏は約一時間をかけてゴールへ向かう。

無事ゴールに到着した筏は、いったんここですべて解体され、まとめられてトラックで上流に輸送し、組み立てられたあと、また川を下ってくる。

昔のように、乗ってきた筏を下流の町で売り払って帰る……というわけにはいかないので、

いやー、またいだ（県境を）

日本昔ばなしっぽい絵

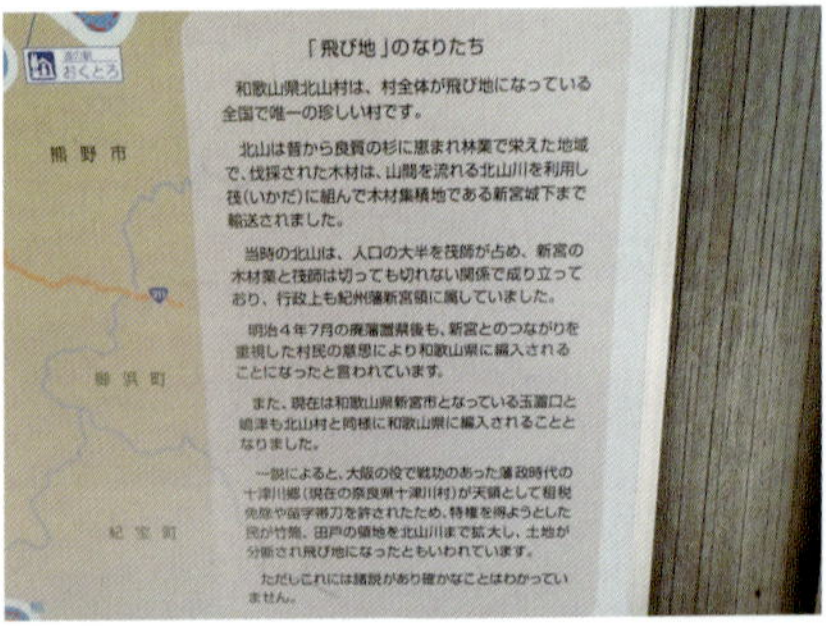


飛び地の成り立ちが書いてある

こんなに手間のかかる作業をしているのだ。

この観光筏下り、大人はひとり六〇〇〇円（八月は七〇〇〇円）するのだが、こんなに手間がかかるのならば、その値段でも仕方がないよな、と、思った。

## なぜ飛び地はできたのか？

さて、この北山村、いったいなぜ飛び地になったのか。その由来は観光センターにある看板に書いてあった。

看板の説明によると、一八七一年（明治四年）の廃藩置県のとき、筏による材木の輸送で新宮との結びつきが強かったため、住民の意志により、和歌山県に編入された……とある。

しかし、よく考えると、現在の三重県南部は、江戸時代、紀伊《きい》国であった。しかし、尾鷲《おわせ》市あたりから熊野市周辺は、和歌山県にならず、なぜか三重県になった。ということは、熊野市周辺も和歌山県になっていれば、北山村は飛び地にならなくて済んだのではないか？

国会図書館で調べてみると、こんなことがわかった。

『和歌山県史研究14号』（一九八七年）の「和歌山県の飛地」によると、もともと紀伊国は、紀《き》州徳川《しゅうとくがわ》家の領地であったが、廃藩置県のさい、旧紀州藩の石高を削り、政府直轄の度会《わたらい》県（現在の三重県中部にあった県）の石高を加増するため、熊野地方を度会県に合併させた、という説がある。

わかりにくいので図解しました

明治初期は、まだ租税制度が整っておらず、江戸時代と同じような領地の概念が残っていたのだ。また、熊野地方が度会県に編入された理由として『鵜《う》殿《どの》村《そん》史《し》通史編』によれば、和歌山県庁の置かれた和歌山市が遠すぎるという理由もあったようだ。

いずれにしろ、この合併のさい、度会県と和歌山県は、北山川に沿って県境を引いて領地を分けたが、川より奈良県側にあった北山村は、和歌山県と分断されてしまった。

そのさい、もともと紀伊国であった北山村の人たちが、生活の結びつきが強い新宮のある和歌山県への編入を選んだのは自然なことだったのかもしれない。

後に、度会県は、三重県と合併し三重県となったが、北山村の飛び地はそのまま残った。

北山村は、明治時代の廃藩置県の歴史を今に伝える貴重な県境といえる。こういう境目は文化財といってもよいのではないだろうか。

## 飛び地がピンとこない村の人たち

さて、この唯一無二の飛び地自治体ということを、地元の人たちはいったいどう思っているのだろうか？

立ち寄った郵便局の局員さんに話を聞いてみたところ、もともとこの村に住んでいると、飛び地の状態が普通なので、とくに何も感じることはない、という。しかし、テレビなどの取材でよく飛び地について聞かれるため、「特殊なのかなあ」とぼんやりとは感じるそうだ。

村内唯一の郵便局

北山村、県境マニアを意識してか、若干県境案内に力をいれはじめている

ちなみに、北山村には中学校までしかなく、高校になると新宮市の高校か、熊野市の高校に通う。熊野市の高校に通う場合は、県を越えた越境入学である。もちろん、毎日通うわけではなく、寮に入るらしい。

そのほか、北山村は少し前まで郵便番号が三重県と同じ510番台であった。しかし、二〇〇八年から和歌山県と同じ600番台に変更された。

このように、飛び地であるがゆえ

の特殊事情といってもこれぐらいのものであるため、生活の不便というものは、とりたててないらしい。

北山村は、距離的には、新宮市（和歌山県）よりも、熊野市（三重県）のほうが近いのだが、そのへんはどうなのか聞いてみたところ、やはり、最近は道路ができたので、和歌山県の新宮市よりも、三重県の熊野市のほうと結びつきが強くなっているらしい。

現代は車での移動が前提となっている以上、熊野市との結びつきが強くなるのは仕方ない。しかし、だからといって県境がころころ変わるわけでもないところが面白い。

地元の人は、夏場はこんなに観光客で賑わうのに、秋に入ると山が杉の木ばかりなので、紅葉するわけでもなく、ただただ人がいなくなるというのが悩みのタネだという。

いずれにせよ北山村（と新宮市の飛び地）周辺は、飛び地以外にも三県境が五ヵ所もあるなど、興味ぶかい県境が多いので、このまま唯一無二の飛び地自治体として我が道を行ってほしい。

# 9 県境から離れたところにある「県境」というバス停

「県境（けんざかい・けんきょう）」や「県界（けんざかい・けんかい）」という名称のバス停は日本各地にいくつか存在している。

たいていは、山奥の峠道のようなところにあって、バスの運行本数も少なかったりするのだが、東京都稲城《いなぎ》市と神奈川県川崎《かわさき》市の県境近くにある「県境《けんざかい》」というバス停は、鉄道駅から歩いてでも行ける距離に存在する。

## 大好物がドッキング

県境とバス停。境目だけではなく、路線バスも好きなぼくにとっては、鴨《かも》が葱《ねぎ》を背負《しょ》って来るような、盆と正月が一緒にやってきたような、そんな場所だ。県境好き、路線バス好きを自称するのであれば、行かずにいられるわけがない。

「県境」バス停の位置（地理院地図電子国土 web）

新宿《しんじゅく》から京王《けいおう》電鉄に乗って四〇分ほど、京王相模原《さがみはら》線の若葉台《わかばだい》駅にやってきた。バス停「県境」はこの駅が最寄り駅である。県境のバス停に向かう前に、若葉台駅周辺の地図を確認しておきたい。

ご覧のとおり、駅前を県境が横切っており、駅の北口を出るとすぐに東京都になる。若葉台駅は、駅舎のほぼすべては神奈川県側にあるが、若葉台という地名は東京都稲城市側の地名である。

駅前は立派な商業施設や、大きなマンション、戸建住宅などが立ち並ぶニュータウンだが、ちょっと歩くと農地も広がるのどかな郊外だ。

### で、県境バス停はどこに？

肝心のバス停「県境」に向かうため、駅か

ら鶴川街道といわれる道を北上する。すると、まず最初に「下黒川《しもくろかわ》」のバス停がある。

実は、この下黒川のバス停は、県境のほぼ真上に存在している。つまり、「県境」という名称のバス停よりも県境に近いのは「下黒川」バス停である。

では、「県境」のバス停はいったいどこにあるかというと「下黒川」バス停からバス停ふたつ分離れた場所にある。ちょっと遠い。でも、歩いて行ける距離なので、歩いて向かおう。

鶴川街道は、道幅が狭いわりに交通量が多い。このあたりは、緩やかな丘陵地に開かれた宅地と農地、そして武蔵野の雰囲気を残す雑木林が交互に続く。

途中「於部屋《おへや》」という不思議な名前のバス停を見つける。このあたりに於部屋という字《あざ》があるようだが、現在この地名を実際に使っているのは、このバス停ぐらいではないか。

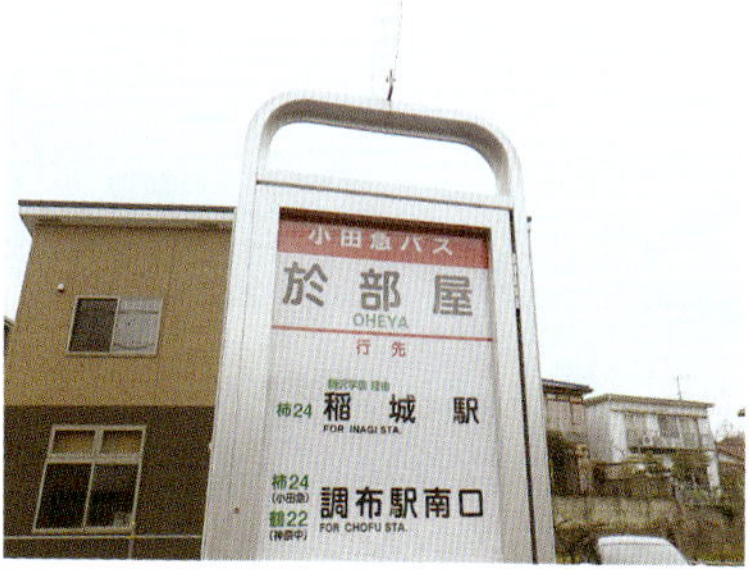

於部屋バス停

## ついに発見、県境バス停

街道沿いをトボトボと一〇分ほど歩いていると、ついに「県境」のバス停が姿を現した。

県境バス停は、小田急線柿生駅と京王線調布《ちょうふ》駅を結ぶ小田急バスの「柿24」系統のバスと、小田急線鶴川駅と調布駅を結ぶ神奈中《かなちゅう》バスの「鶴22」系統などが停車する。

一時間に一本ほどバスがある柿24に比べ、鶴22は、日曜祝日だけ一日一本という少なさだ。鶴22のほうは、いわゆる「免許維持路線」というものであろう。

バス路線は、いちど廃止してしまうと、もし仮に復活させることになった場合、再び免許を得る手続きが非常に面倒なので「まだ運行していて廃止していませんよ」というアピールのため、バス会社が意図的に少ない本数で運行を続けることがあるのだ。

さて「県境」のバス停である。「県境」という表記に感慨深いものを感じるが、見た目は他

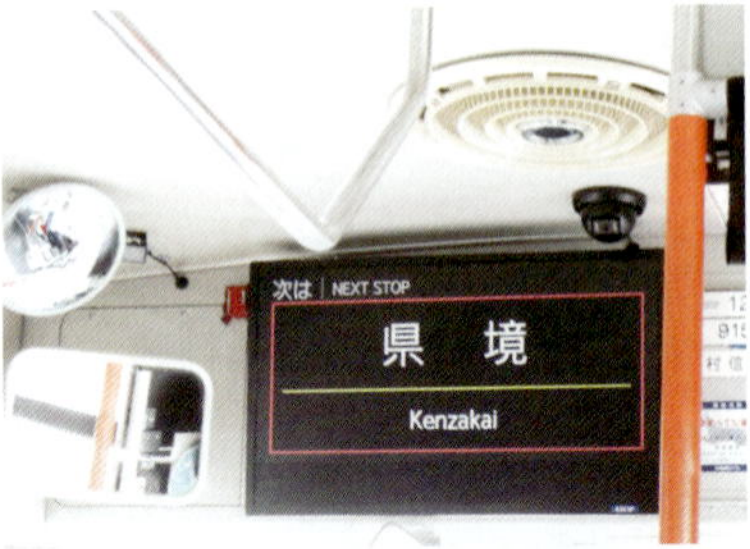

バス車内の停留所案内によると県境は「けんざかい」と読むらしい

県境バス停

のバス停と同じく、特筆すべきようなことは、ない。
ただ、ひとつ不明な点はある。このバス停は、「県境」と名乗るわりには県境からちょっと離れている。県境に近いバス停といえば、先ほどの「下黒川」は、まさに県境のすぐ上にあるのに、微妙に遠いこのバス停がなぜ「県境」なのか？
気になるのでバス停に書いてあった電話番号に電話して小田急バスに話を聞いてみた。

――県境というバス停について質問があるんですが、このバス停、県境から微妙に遠い気がしますけど、どうしてですか？

**小田急バス**「申し訳ございません……営業所ではわかりかねますので本社のほうへお願いできますか？」

当たり前である。バス停の歴史なんか営業所でわかるわけない。資料がそろっている本社へ改めて問い合わせし直したところ、調査したうえで、折り返し連絡をくださった。

**小田急バス**「お問い合わせの県境バス停の件ですが、県境のバス停は一九四九年（昭和二十四年）十二月二十七日に設置されました」

――戦後まもなくですね、ずいぶん昔ですね。

**小田急バス**「県境バス停は実は設置された当初は、もっと県境に近い、若葉台駅付近に設置してあったんです」

――え？　今と場所が違ってたんですか？

**小田急バス**「はい、資料によると、今のはるひ野《の》のあたりにあったと書いてあります」

――どうして移動したんですか？

**小田急バス**「詳しいことはわからないのですが、新しいバス停が設置されるさいに横にスライドする感じで移動していって今の位置になったらしいです」

――ということは、「県境バス停」はもともと、本当に県境近くにあったけれど、新しいバス停ができるたびに移動して今の位置になった？

**小田急バス**「そうですね、現在、県境に近い場所にある於部屋、下黒川、黒川などのバス停が一九七三年（昭和四十八年）六月十三日に設置されていますので、「県境」のバス停が県境から遠ざかったのはおそらくそのときでしょうね。ただ、それ以上のことは資料が残っていないのでわからないです」

――なるほど……これはあくまでぼくの想像なんですが、新しい宅地が造成されてバス停が増やされるときに、今まであるバス停の名前を変更して移動させるというのは、おそらく手続きが面倒なうえにややこしいので、既存の「県境」バス停を、名称そのままで移動させて存続させた……というところでしょうか？

## 小田急バス「その可能性はあるかもしれません」

どうやら「県境バス停」は、多摩ニュータウンの開発とともに、微妙に位置をずらしてきているらしい。ちょっとわかりにくいので、120ページの地図に各バス停をマッピングしてみた。

於部屋、下黒川、黒川のバス停が新しく設置されたのは一九七三年。若葉台駅の開業が一九七四年、そして若葉台駅の南を走る小田急多摩線の開業も一九七四年。おそらく、駅や新路線が開業する前にバス停を設置したさい、県境バス停は移動し、本当の県境から遠ざかったのだろう。

ただ、なぜ移動したのかは資料が残っていないため、謎のままとなってしまった。

## 県境にあるから県境

境目そのものを表したバス停は、ほかにも小金井《こがねい》市と三鷹《みたか》市の「市境《しざかい》」、江別《えべつ》市と札幌市の「市界《しかい》」、板橋《いたばし》区と北《きた》区の「区境《くざかい》」なども存在しているが、いずれも境目のラインに近い場所に存在している。

そう思うと、このバス停は「県境」からもっとも離れたところにある「県境」という不思議なバス停だといえる。

## 10 埼玉、栃木、群馬の三県境が観光地化している？

県の端が好きだ。端を見に行って、この県境の端からその県が広がっているのだと想像し、うっとりする。伝わりづらいかもしれないが、これも県境の面白さのひとつといっていい。そんな端が、三つ集まった場所。それが「三県境」だ。

三つの県の端が交わる「三県境」は日本に四八ヵ所存在しているといわれているが、そのどれもが高い山の上か、水上に存在し、容易には近づけず、ふざけて遊びに行けるような場所にあるものではない。

### にわかに活気づく「三県境」

しかしながら、我々のような一般人が歩いて気軽に訪れることができる唯一の三県境が、埼玉、栃木、群馬の交わるところに存在している。県境マニアの間では一般に「柳生《やぎゅう》の三県境」

駅から歩いて行ける三県境（1/2.5万「古河」平成29年調製）

と呼ばれている場所だ。

二〇一六年、この三県境をわざわざ訪れる人が増えたことを受け、栃木県、群馬県、埼玉県の行政が協力して測量調査を行い、境界をはっきりさせ、観光に役立てようと考えている、というニュースが話題になった。

新聞の報道によると、群馬県邑楽《おうら》郡板倉町《いたくらまち》は「集客の拠点として観光客の周遊を促したい」とか、埼玉県加須《かぞ》市は「道の駅きたかわべとつないだ観光資源としての活用を検討」、そして、栃木県栃木市は「茨城も含め四県を短距離でまたぐ県道9号線と合わせたパワースポットとして売り出したい」と考えているらしい。

「県境の観光地化」というのはまだわかるとしても、言うに事欠いてパワースポットとは、栃木市は三県境をゲームのセーブポイントかなにかと勘違いしている可能性がある。

7年前に三県境を訪れた友人のライター工藤さんと一緒に行く

ちなみに、アメリカには、ユタ州、アリゾナ州、コロラド州、ニューメキシコ州の四州が交わる地点が存在し「フォーコーナーズ」という観光地となっているが、日本に四県が交わる点はない。この埼玉、群馬、栃木の三県境から二・四キロほど離れた川の上に、茨城の県境も迫っているのだが、残念ながらこの三県境に接してはいない。もし接していれば、日本唯一の四県境となるのだが、なかなかそういうわけにはいかない。

何はともあれ、県境がにわかに盛り上がっていると聞くと、いても立ってもいられない。三県境が、まだこんなに盛り上がってない七年前にここを訪れたことのある友人でライターの工藤考浩《くどうたかひろ》さんと一緒に、改めて三県境を訪れてみた。

東京から一時間ほどかけて、東武《とうぶ》鉄道日光《にっこう》線柳生駅にやってきた。柳生駅は埼玉県加須市に位置し、ここから北に向かってしばらく歩けば三県境である。

ただっ広い農地のなか、住宅がまばらにある風景は、いかにも北関東の平野といった雰囲気がある。三県境は駅から歩いて一〇分ほどの場所だ。

## すでに先客がいた三県境

農道の中を三県境に向かって歩いていると、親切にも三県境への案内看板がいくつか立てられていた。そして、三県境を訪れる人のための臨時駐車場までできていた。

我々のようなもの好きがテレビやインターネットで見てフラフラやってくるので、地権者の人がわざわざ駐車場を準備してくれているのだ。

三県境と思しき場所を眺めてみると、人が何人か集まっている。

畑のあぜ道をたどって三県境に近づく。

トラクター周辺に人が集まっている

三県境の臨時駐車場ができていた

## 丁寧な説明の看板が出ていた

田んぼの中に立っている看板の後ろの側溝がちょうど境目になっている。Y字型に集まる側溝の中心が、埼玉、群馬、栃木の三県境の点だ。

この、Y字から先に、埼玉と栃木と

懇切丁寧に三県境を案内している

三県境に誰かいるぞ

群馬がそれぞれ広がっている。

　三県境には、三県境を説明する手作り感のあふれる看板が立ててある。

　工藤さんが以前きたときは、こんな看板もなかったし、あぜ道も草ぼうぼうでよくわからなかったという。今は、境目がわかりやすくなっており、三県境を示す杭は真新しくなっていた。

　看板には「日本には40ヶ所以上の3県境がありますが、平地にあるここは大変貴重な存在と言われています。道の駅きたかわべ徒歩4分　手打ちそば新鮮野菜が人気です」とある。なぜか急に、道の駅の手打ちそばや野菜をPRしてくるあたり、まだ「ほんとに県境だけで観光客が満足するかしら?」と疑っているようでもある。

　たしかに三県境といっても、側溝がY字になっているだけなので、これ以上どうしようもないというのは否めない。

地域の人がこの県境をどうしたらよいのか持て余している感じは、そこはかとなく伝わってくる。しかし、前回は案内板や看板が一切なかったことを考えるとずいぶん進歩した。確実に観光地化はしている。

三県境の看板付近にはすでに先客の観光客もいた。先客のおじさんは、バイクで日本各地の端をツーリングでめぐるのが趣味だという。魹《とど》ヶ《が》崎《さき》（本州最東端の岬、岩手県）や、宗谷《そうや》岬《みさき》などをバイクでめぐっているらしい。三県境は、新聞記事を見てやってきたという。

ここに、三県境を見に来たという観光客が複数人いる。という状況は七年前には考えられなかったことだ。

ここですね三県境

7年前にはなかった看板が！

## なんでも境界に見えてくる

あの、何もなかった三県境が、じんわりと観光地化しているということはわかったが、はっきり言って、このあたりは、三県境がなければ、

三県境の境界標が真新しい

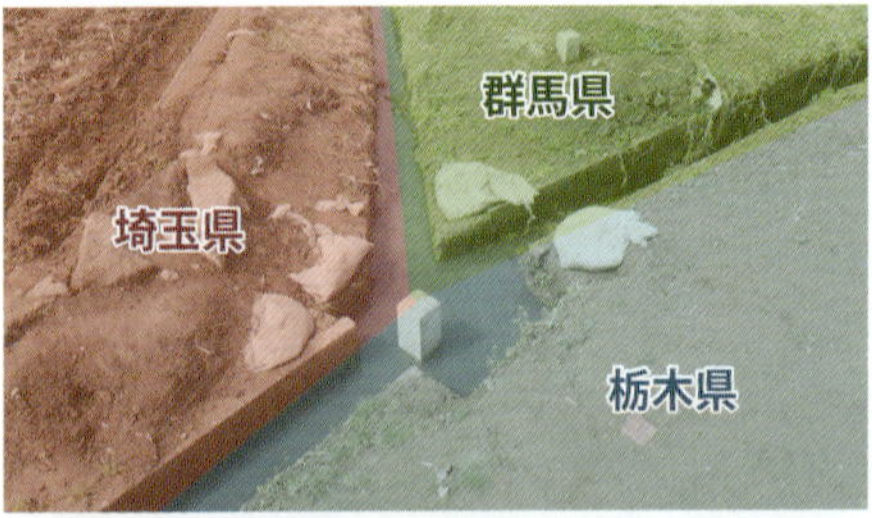

ツーリングが趣味のおじさんがいた

ただ谷中湖《やなかこ》の湖畔であるというだけで、とくにこれといった見どころはなかなかないのが正直なところだ。三県境の観光地化で、盛り上がりはどの程度のものなのか、周辺を散策してみる。

スマホの地図で県境を確認しながら周辺を歩く。県境の目印は、まったく何もないのだが、カーブミラーや交通標識の管理者が違っているのを見つけては「おぉ」と感心してしまう。

堤防の草の生え方も県境のラインを境に違っているような気もしないでもないが、たぶんそれは気のせいである。県境フィルターを通して見ると、なんでもかんでも県境のような気がしてくる。明らかに県境ノイローゼである。

古い群馬県の境界標

堤防に向かって伸びる県境（地図 A）

手前のカーブミラーは栃木県栃木市藤岡町。後ろのカントリーサインは群馬県板倉町、間に県境がある

## 看板を設置した人に話を聞こう

ところで、この三県境。なぜこんな形になったのだろうか？　もちろん、事前にざっくりとした予習はしてきている。もともと川に引かれていた県境が、そのまま引き継がれてこうなった……というところまではぼんやりとわかっているつもりではあるけれど、詳しい経緯はよくわからない。

そこで、あの県境の看板を立てた地権者の方に話を聞きに行くことにした。事前に役所の人に連絡し、取材をお願いしておいたのだ。

お話を聞かせていただいたのは、三県境のすぐ裏にお住まいの古澤満明《ふるさわみつあき》さんだ。あの看板の設置者である。

——まずは、あの看板なんですが……いつごろから設置されてるんですか？

**古澤さん**「あれね、二〇年ぐらい前から設置してるかな」

——え！　そんな前から……たしか、七年ぐらい前にきたときはなかったんですが……。

**古澤さん**「あの看板、今ので三代目なんです。昔は写真を撮ってビニールに入れて立ててたりしてたけど、すぐ壊れちゃうから、今はちゃんと木に書いて、壊れにくく作ってあるんです。七年前はちょうど入れ替えで立ててなかった時期かもしれないな」

二〇年前から看板自体は立てていたらしいのだが、工藤さんが七年前に訪れたときは折り悪しく、看板の建て替え時期だったのかもしれない。

——あの看板を立てるようになったのはなぜですか？

**古澤さん**　「県境は昔からあったわけですけども、近年ですかね、いわゆる県境マニアの方がい

古澤さんは三県境のすぐ裏にお住まいだ

かなり古い民家の中はちょっとした博物館のようになっていた

古地図を広げる古澤さん

らっしゃるようになって」

――すみません、ぼくらのような人たちですね……。

**古澤さん**「そうですか（笑）。で、どうしてこんな県境になってるのかって、近所の方が質問されるんですけども、よくわからないから、そういう古いことは古澤の家にいって聞いてくれってなって、私もできるかぎり対応するんですけども、たまにいないこともあるから、看板を立てて、それを見てもらって、わからないことがあればもう一回聞きに来てくださいと、そういうわけです」

普通の人なら面倒くさがる「マニアの珍しがり」を、古澤さんは自腹で看板まで作って対応している。ただ親切なだけではできないサービス精神の発露だ。〝神対応〟とはこのことだと肝に銘じておきたい。

――やはり、県境を見に来る人は増えましたか？

**古澤さん**「増えてますね、このまえなんかは四、五〇名ぐらいの団体で見に来てましたよ、ツアーかな」

――近ごろは『ブラタモリ』みたいに、地理をテーマに街歩きをするのが流行してますからね。市は観光スポットにしたいようですが、古澤さんのほうに何か話はありますか？

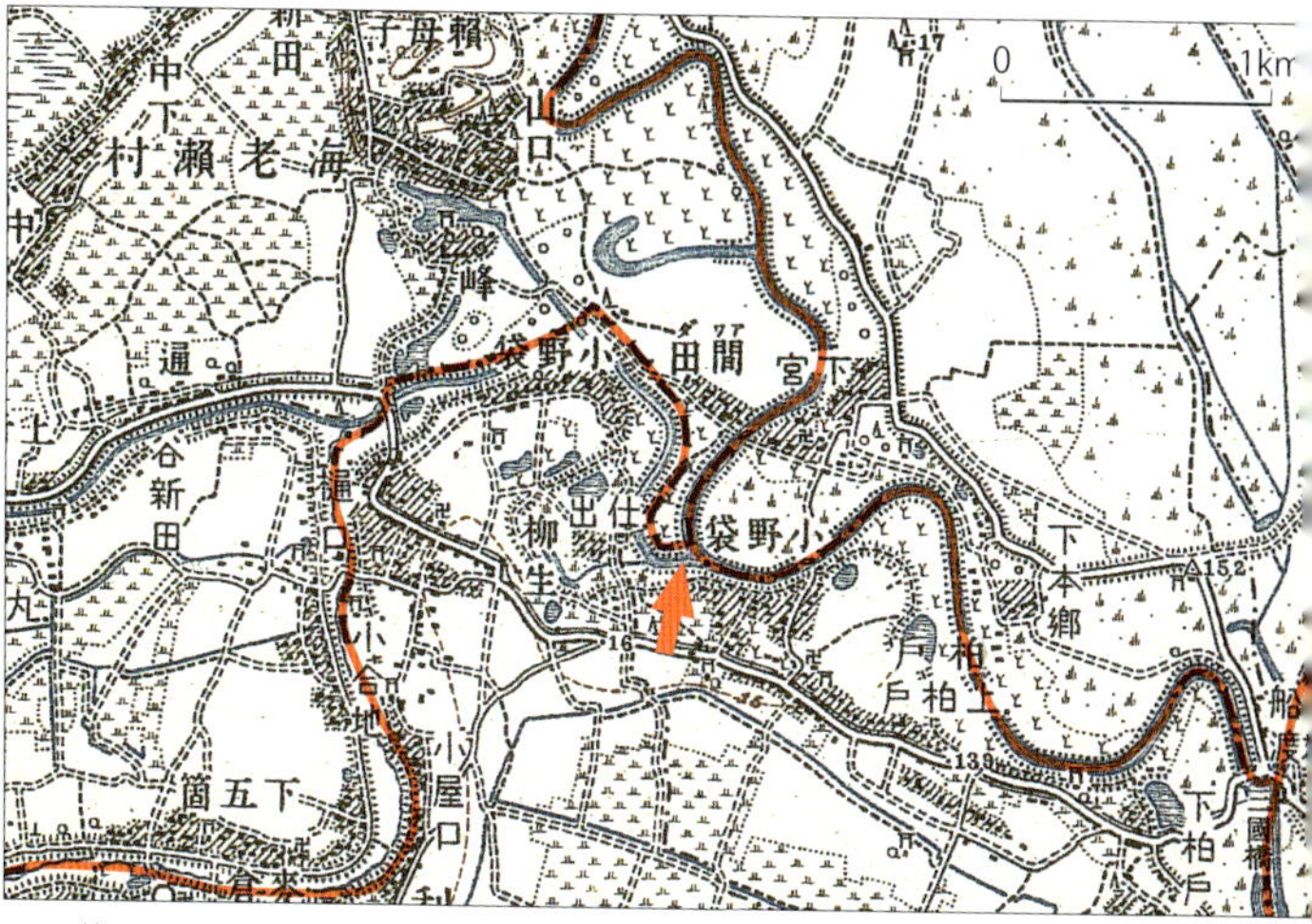


昔の川跡がそのまま現在の県境になっている。矢印が三県境（1/5万「古河」明治40年測図）

古澤さん「いやー、まったくないね、勝手になんかやってるみたいだけど。まあ、市役所が動けばね、私はお役御免ですよ」

古澤さんはそう謙遜《けんそん》する。役所はどこまで本気で観光地化するつもりなのかは不明だが、少なくとも看板の影響はけっこう大きい。行政で予算をかけるのもいいけれど、古澤さんお手製の看板はこのままであってほしいところだ。

**谷中湖を掘って嵩《かさ》上げした**

——この三県境はもともと川だったんですよね？

古澤さん「そうです、昔は渡良瀬川《わたらせがわ》に沿ってあった県境ですけども、明治の終わりごろから大正にかけて渡良瀬遊水地を作るときに川をせき止めて川の流れを変えたんで、こう県境が入り組んだ形になったわけです。川の跡ですから土地が低くて湿地だったんです。そこで、昭和四十年から五十年ごろ、谷中湖を浚渫《しゅんせつ》するにあたって、出た土を当時の建設省が半径九キロまでは無料で運んでくれるっていうんで、これはいい機会だって川の跡を埋めました、当時の写真を見てください。それまで川の部分は低くて、栃木県側のもともと川岸だったところは高くなってるでしょう？」

――あ、ほんとだ。こんなに高低差あったんですね……

**古澤さん**「ですから今でも栃木県側の土地は若干高くなってるんです」

あとで確認してみたところ、たしかに岸だった栃木県側の土地は農地より若干高く、川だったところの農地は低くなっている。

**古澤さん**「土はただでもらえたんですけど、整地の費用は土地改良組合を作って、農水省の農業近代化資金っていうのから三〇年賦で借りて、六年くらい前かな、やっと払い終わったんです」

年賦を払い終わったと同時に、なぜか県境を見物にくる人がどんどん増えたらしい。

全体を通して「だからなんなんだ」感は否めないけれど、川の痕跡が土地の高低に残っているというのは新しい発見であった。

## 家を曳いた

――古澤さんのこのお宅はずいぶん古いようですが、いつごろの建物なんでしょう？

栃木県側の土地が、手前の田んぼより高い

右の栃木側の道のほうがちょっとだけ高い（地図B）

**古澤さん**「一八七九年（明治十二年）ですね」

――かなり古いですね。

**古澤さん**「この家はもともと谷中湖の中にあったんですけど、引っ張ってきたんです」

――引っ張って？　それってもしかして曳家《ひきや》（建物ごと持ちあげて移動させること）ですか？

**古澤さん**「そう、それです、これがそのときの写真ですね」

一八七九年、現在の谷中湖があるあたりに建てられた古澤さんのお宅は、一九〇六年に谷中村が廃村され、谷中湖がつくられることになったとき、曳家で四五〇メートルほど家を移動させて現在の位置に持ってきた。

**古澤さん**「うちは養蚕をやってて、こっちのほうにも土地を持ってたから、家を移動させたん

古澤さんのお宅の棟札に「(明治)十二稔(年)」と書いてあった

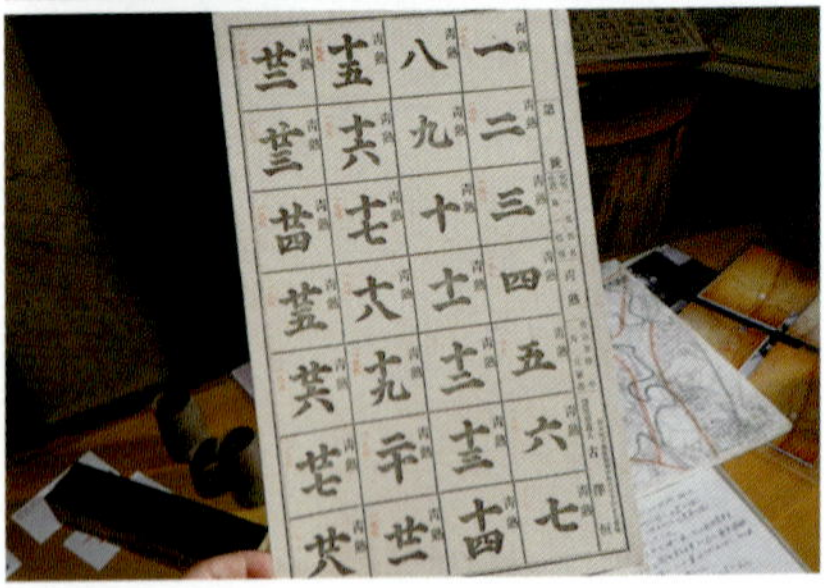

上 たしかに家を引っ張ってる！

下 種紙　カイコガに、番号の書いてある枠ひとつひとつに卵を産ませてくっつけたものを養蚕農家に売っていた

ですね、そのころはこういう種紙《たねがみ》（蚕卵紙）を売ったりしてたんです」

このあたりは富岡《とみおか》製糸場も近く、昔から養蚕が盛んだった。たしかに先ほどの明治の地図を見なおしてみるとYの字の桑畑（蚕の餌《えさ》になる）の記号だらけだ。

2018年春には三県境周辺が整備された

谷中村の廃村に関して、鉱山から流れ出る鉱毒に苦しめられた住民が、田中正造《たなかしょうぞう》とともに国や足尾銅山と戦ったというのは小学校のときに習ったが、古澤さんのお宅もその廃村で村を出たお宅のひとつだった。
養蚕、富岡製糸場、足尾銅山、田中正造、渡良瀬遊水地、曳家、三県境……断片的な知識が頭のなかでひとつの流れとして組み上がっていく。
日本で唯一、平地にある柳生の三県境だが、話を聞いてみると、意外と奥が深いことがわかる。県境は、やはり地域の地理や歴史と無縁ではないのだ。
三県境の観光地化も、大いに期待したいところだが、やはり、こういった地域の歴史や地理とからめた観光が可能になれば、奥行きのあるものになるのではないだろうか？

## 11 湖上に引かれた県境を見に行く

### 山陰唯一の市街地の県境

島根県と鳥取県の県境は、中国山地の山あいから中海《なかうみ》を目指して北上し、鳥取県米子市陰田《いんだ》町《ちょう》と、島根県安来《やすぎ》市吉佐《きさ》町《ちょう》の市街地を一瞬だけサッと通り抜けて中海に至る形になっている。山陰《さんいん》地方にある県境で、市街地にある県境はここぐらいだ。そのためか「県境」を冠した店舗がいくつかある。「県境食堂」と「24時間県境コインレストラン」である。しかし、そのいずれもがすでに営業はしておらず、廃墟《はいきょ》となっている。

「24時間コインレストラン」というのは、自動販売機を並べたドライブインのようなものだったと思われる。

店の前の道、国道9号線は、山陰を東西に結ぶ国道であり、とくに深夜はものすごいスピードで走るトラックが多かった。しかし、現在は山陰自動車道が開通し、トラックもずいぶん減ったのだ。

これらの店舗はいずれも鳥取県側にあるが、島根県側では「アイリス」という喫茶店が営業している。

この喫茶店の真裏には県境が走っており、歩道には県境を示す立派な標石が据えられている。

標石の左右側面には「紀元二六〇〇年建之（きげんにせんろっぴゃくねんこれをたてる）」とそ

「県境食堂」

県境食堂の向かい側にある「県境コインレストラン」

こちらは営業中の喫茶店

県境を示す標石

島根県側の銘、裏側に鳥取県側の銘がある

れぞれ「鳥取縣」「島根縣」と書いてある。紀元二六〇〇年、つまり一九四〇年（昭和十五年）、真珠湾《しんじゅわん》攻撃のあった一九四一年の前年だ。すでに七七年以上前のものである。

神武《じんむ》天皇が即位してから二六〇〇年目にあたるといわれた一九四〇年、日本各地でさまざまな記念事業が行われた。この年に記念として造られた国旗掲揚台などは、各地でよく見かけるが、県境の標石は珍しい。

仰々しい県境標だが、鳥取県と島根県成立の経緯を思うと、なかなかの重みを感じる。話は幕末に遡《さかのぼ》る。

大政奉還と戊辰戦争により、徳川幕府が倒れ、日本は明治維新を迎えた。江戸時代、現在の鳥取県全域を治めていたのは池田《いけだ》家、対して出雲《いずも》地方を治めていたのは松江藩松平《まつだいら》家だった。つまり、現在の県境は、江戸時代にはすでに藩境として存在していた。

廃藩置県で、一八七一年、それぞれ鳥取県、島根県が発足するものの、一八七六年には、明治政府の中央集権化の方針のもと、県の整理統合が進められ、鳥取県が島根県に編入されてしまう。

この処置に、旧鳥取藩の士族たちの不満が渦巻いた。もともと、幕末維新のときに勤王藩として尊皇派藩士の活動が活発だったのは、鳥取藩のほうで、松江藩は幕府方、新政府方どっちつかずのまま、戊辰戦争に至るころにやっと新政府側に恭順したほどだ。それなのに鳥取県は島根県に吸収されてしまったのである。この合併で、秩禄《ちつろく》処分などにより経済的に逼迫《ひっぱく》していた旧鳥取藩士族から「新政府軍に協力したのに（鳥取から）県庁を奪い取られた」という不満が出るということを、明治政府は予想できなかった。

旧鳥取藩士族の足立長郷《あだちながさと》は当時の『鳥取新聞』という新聞に、「合併により、学校も病院もすべて松江が優先され、鳥取の発展が遅れ、活動が萎縮《いしゅく》してしまう」と訴え、鳥取県再設置の要望を述べている。そして一八八〇年、足立は不平士族の団体「共斃社《きょうへいしゃ》」を結成するに至る。

西南戦争などを経て、不平士族への対応に苦慮していた明治政府は事態を重く見、参議の山県有朋《やまがたありとも》を派遣して実情を調査。東京に戻った山県は、鳥取県再設置の復命書を提出。一八八一年九月十二日、因幡《いなば》、伯耆《ほうき》の旧鳥取藩領を、島根県から分離独立させ、鳥取県が再設置されることとなり、現在に続く県境が画定された。なお、鳥取県民の日である九月十二日は、この分離独立の日を記念し、一九九八年（平成十年）に制定されたものだ。

以上のような経緯を考えると、この標石から、鳥取、島根両県がさまざまな問題を乗り越えて、境目をここに定めたのだという強い意思を感じてしまう。

## あのベタ踏み坂も実は県境

さて、米子市、安来市の県境から離れ、今度は弓ヶ浜《ゆみがはま》半島を北上する。鳥取県境港《さかいみなと》市から中海に浮かぶ島根県松江市の江島《えしま》へは、江島大橋と呼ばれる大きな橋がかかっている。

江島大橋は、通称「ベタ踏み坂」と呼ばれる。アクセルペダルを踏みっぱなしでないと登れないほどの急坂という意味で名付けられたらしい。江島側からカメラの望遠レンズを使って写真を撮ると、坂が壁のように見える橋としてテレビなどで紹介され、一躍観光スポットとなった橋だ。実はこの大きな橋の上には、県境が記されている。つまり、湖上に県境が引かれているということである。

一般的に、海や湖の上にはっきりとした県境が引かれることはあまりない。

しかし例外もあり、明確に県境が引かれた湖として有名なのは、青森県と秋田県に接する十《と》和《わ》田《だ》湖《こ》。そして、鳥取県と島根県に接する中海のふたつだ。なかでも、鳥取県と島根県の県境がある中海は、日本ではじめて湖上に県境が引かれた場所だ。

中海は、島根県側に大きく入り込んだ湾が、鳥取県の弓ヶ浜半島によって蓋《ふた》をされているよ

ベタ踏み坂こと江島大橋を江島側から眺める

県境のプレートは、境港側から登って、登りきったあたりにある

道路上には県境を示す白線が引かれている

弓ヶ浜半島と大山と県境（があると思われる湖上）

うな形になっているが、外海から完全に独立しているわけではなく、境水道によって海につながっており、汽水湖となっている。

戦後の食糧難の時代に、この中海の水を淡水化したうえで干拓し、広大な農地にするということを当時の農林省や島根県が計画し、一九六三年に事業を開始した。一九七四年には、境港市と中海の江島の間に道路橋を兼ねた中浦《なかうら》水門が建設され、淡水化事業と干拓事業が本格化した。

そのさい、干拓後に陸地となる予定の中海の県境を、どこに定めるのかが問題になった。古来、中海の大部分は出雲国のものであるという認識はあったらしいが、はっきり境界線を引く必要がなかったため、境界線は決められないままでいた。

しかし、干拓事業を進めるにあたり、干拓

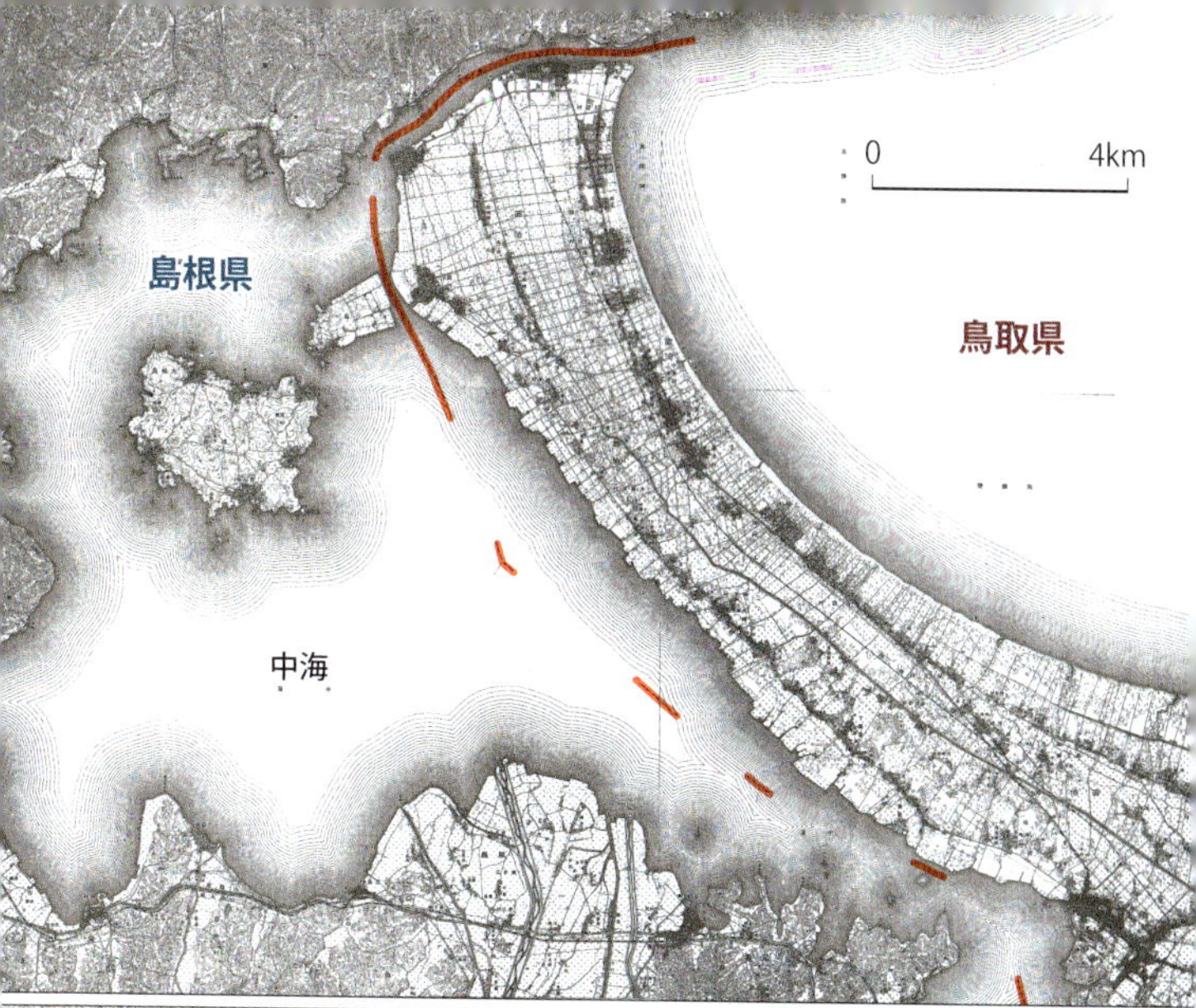

県境が中海に引かれた大正時代の地図（上）と現在の県境（1/2.5万「美保関」「境」「揖屋」「米子」大正4年測図、1/5万「美保関」平成3年修正、「境港」平成4年要部修正、「米子」「松江」平成15年修正）

で陸地となった場所の境界が曖昧《あいまい》なままでは後々困る。さらに、米子空港の拡張で、滑走路が中海に多少飛び出す可能性も出てきた。

このままでは、国からの補助金の割り当てなどの金額が決められないなど、さまざまな支障が出るということで、湖上の境界を画定させることになった。

鳥取島根両県による境界画定作業は難航するが、大正時代、一九一五年に発行された国土地理院の地形図に境界が書き込まれていることがわかった。

結局、この地形図を元に境界を定めることになり、一九八一年、鳥取県と島根県の両県で「中海における境界、米子空港の拡張整備等に関する協定書」が両県で締結され、まずは管理境界ということで境界が定められ、一九九二年五月、県境が正式に確定した。

このように、干拓事業のために県境を画定した中海だったが、一九七〇年代ごろより米の生産は過剰気味になってきており、減反政策が続くようになると、干拓事業の意義が問われはじめてきた。

事業は一九八八年（昭和六十三年）当分の間延期となり、二〇〇二年（平成十四年）、島根県や農林水産省は干拓、淡水化事業の中止を決定し、干拓事業は白紙に戻った。

江島大橋の上の県境は、中海の県境に従って表示されているわけだが、この県境は、中止となった中海淡水化、干拓事業の置き土産といえる。

## 12 カーナビに県境案内をなんどもさせたかった

カーナビが一九八〇年代に登場してはや三十数年。今やカーナビのついていない車というのはとても少ない。

そんなカーナビに「県境案内機能」というものがついている。運転中に県境を越えると「〇〇県に入りました」と、アナウンスしてくれる機能である。

我々県境マニアにとって、こんなにうれしい機能はない。とくに何も表示していない県境も多いなか、GPSの位置情報を利用して、県境を越えるたびに「県境を越えたんだよ」と、教えてくれる……これってどう考えても県境マニアのためにわざわざ作ってくれた機能としか思えない。

そんな県境案内機能をオンにして、県境が複雑に入り組んだ場所を走ると、「〇〇県に入りました、△△県に入りました……」と、なんどもなんども案内してくれるのではないか。

県境マニアとして、県境またぎのアナウンスをなんども聞けるのは望外の喜び……といったら大げさだが、実際にやってみたら絶対面白いはずだ。

ところが、残念ながらぼくは、自動車の運転免許を持っていない。県境めぐりをするのが趣味なのに、自動車の免許を持っていないなんて、時刻表の読み方がわからない鉄道マニアとか、望遠鏡の使い方がわからない天文マニアというレベルである。

しかしながら、持っていないものはしょうがない。ここは、免許を持っている人にお願いし、車を運転してもらうしかない。

そんなわけで、自動車の運転が好きな友人にお願いし、入り組んだ県境めぐりをすることにした。

まずは、県境が入り組んでいる場所を探さなければいけない。東京近郊でそんな都合のいいところ、あるのだろうか。

## 東京都と神奈川県の県境が入り組んでいる

町田《まちだ》市と相模原《さがみはら》市にある東京と神奈川の県境。ここには境川《さかいがわ》という、その名のとおり、武蔵国と相模《さがみ》国の境目になっていた川がある。このあたりは、川を越えて隣の県へ食い込んでしまっている、いわゆる飛び地状態になっている箇所が多数存在するのだ。

境川に沿って走る道路は、県境のラインを無視するように整備されている。つまり、この道

町田市と相模原市の境界（東京都都市整備局1/2500「小山南部」平成26年修正）

町田市と相模原市の境界を流れる境川（地図 A）

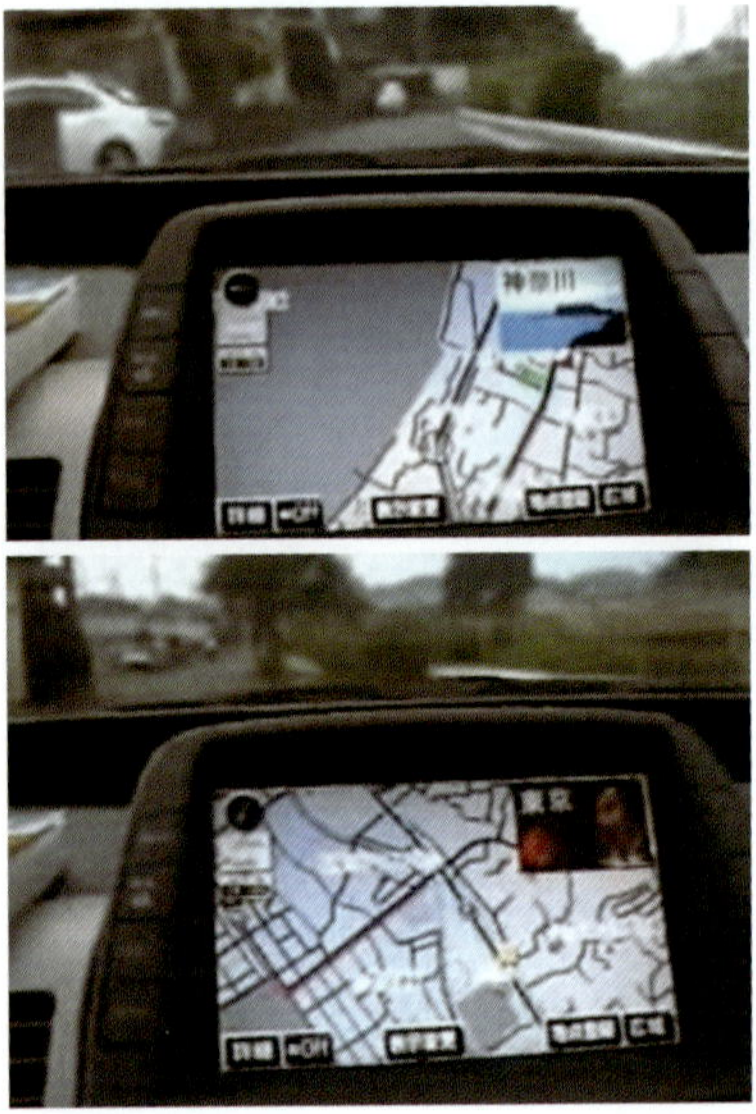


県境を越えるたびにおしらせしてくれるカーナビ

路をまっすぐ進めば、県境アナウンスをなんども連続して聞くことができるのではないか？

　レンタカーでカーナビのついた車を借り、町田市と相模原市の県境へ向かう。

　町田市小山町《おやままち》付近。川の南側は、米軍の基地を挟んで横浜《よこはま》線相模原駅に近い。

　川沿いの道は、地元の人の通り道になっており、自動車だけでなく、徒歩や自転車での通行も多い。

　ゆっくりと自動車を進めると……。「ポーン、神奈川県に入りました」「ポーン、東京都に入りました」「ポーン、神奈川県に入りました」「ポーン、東京都に入りました」……。

　県境を越えるたびにアナウンスしてくれる。おおむね三〇〇〜四〇〇メートルほど進むごとに県境越えチャイムがなり、都合、四キロほどの道のりで一一回の県境越えアナウンスが聞けた。

## もっとなんども県境を越えたい

この成功で気をよくし、もっと県境アナウンスが頻繁になる場所はないのか。探したところ、奈良県と和歌山県の県境上にある「高野《こうや》龍神《りゅうじん》スカイライン」がすごいという噂を聞いた。

高野龍神スカイラインは、和歌山県の高野山《こうやさん》から、護摩壇山《ごまだんざん》を経て龍神温泉に至る約四二・七キロの道路で、山の尾根に沿って道路が引かれている。

一九八〇年に開通した当時は有料道路であったが、二〇〇三年、国道371号線の一部として無料開放された。

当時「紀伊山地の霊場と参詣道《さんけいみち》」の世界遺産登録が間近に迫っていたため、観光用の交通網を整備する意味もあり、無料化されたという経緯があるらしい。

さて、この高野龍神スカイラインは、先ほど述べたように、山の尾根に沿って引かれていて、和歌山県と奈良県の県境も、この尾根に沿って引かれている。しかし、道路はこの県境とピッタリ同じ形で作られていないため、いたるところで道路が県境をまたいでいるのだ。

そのため、県境案内機能のあるカーナビで道路を走るだけで、「和歌山県に入りました」「奈良県に入りました」をなんども繰り返すのではないか。

その回数は、一説には数キロメートルのあいだに二四回にも及ぶという話もあり、町田相模原の比ではないという。まさに県境スペクタクルの道路である。

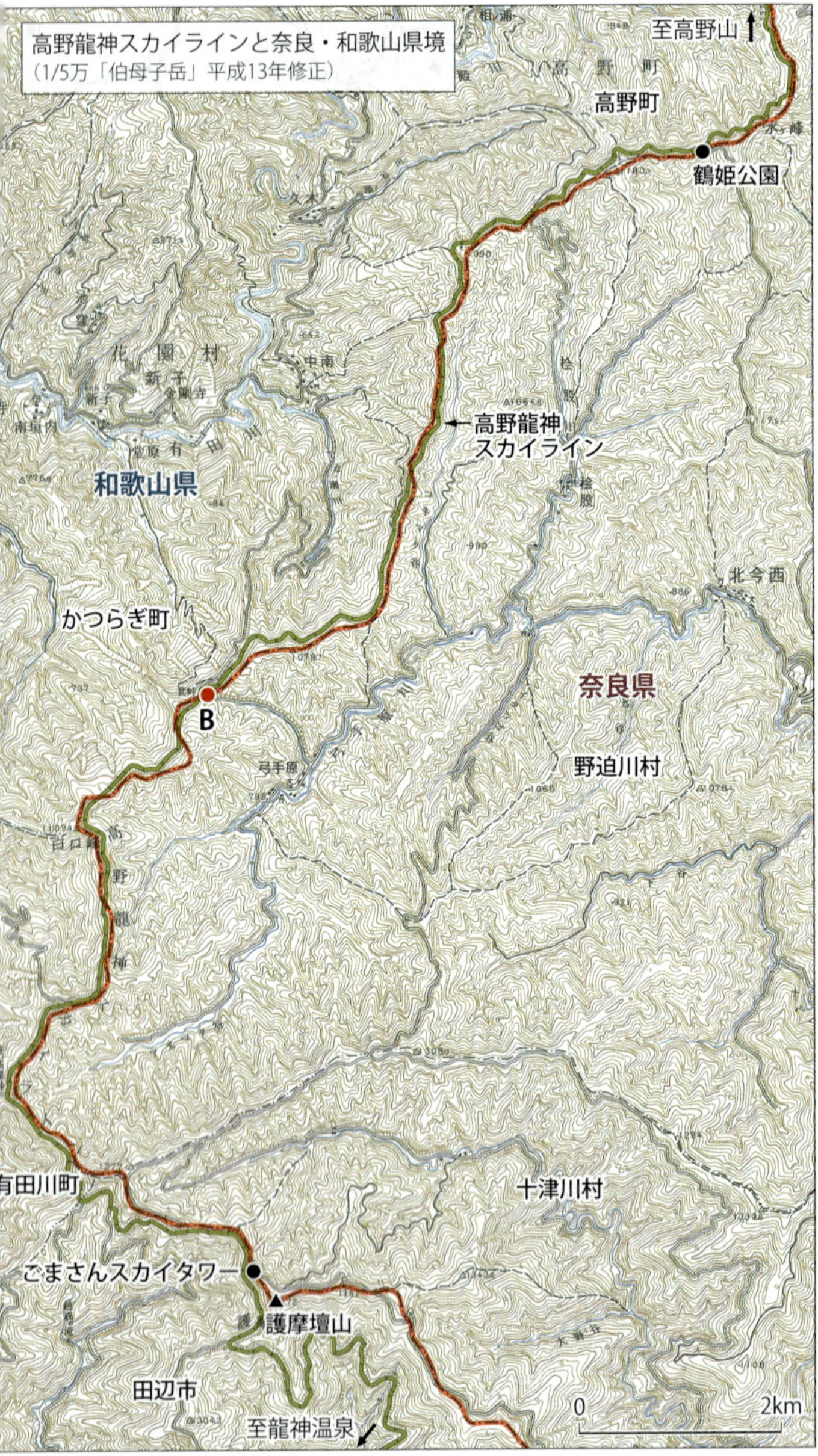
高野龍神スカイラインと奈良・和歌山県境
（1/5万「伯母子岳」平成13年修正）
至高野山
高野町
鶴姫公園
高野龍神
スカイライン
和歌山県
かつらぎ町
B
奈良県
野迫川村
北今西
有田川町
十津川村
ごまさんスカイタワー
護摩壇山
田辺市
至龍神温泉
0
2km

大阪でレンタカーを借り、高野龍神スカイラインへ向かう。片道二時間以上かかる道のりだ。借りたレンタカーのカーナビは、最新版である。レンタカーの最新のカーナビの設定に「県境案内」という項目があるので、これをONにする。これで、県境を越えるたびに案内をしてくれるはずである。

和歌山県側、かつらぎ町花園の看板（地図B）

奈良県側、野迫川村の看板（地図B）

実は、相模原と町田の間の県境を車で越えたのは二〇一〇年。そして、今回高野龍神スカイラインを目指しているのは二〇一六年。実に六年の歳月がかかっている。満を持してというわけだ。

大阪から、一路南下し、九度《くど》山《やま》、高野山を越え、高野龍神スカイラインの入り口までやってきた。

鶴姫《つるひめ》公園というものがあった。調べてみると、平家の落人《おちうど》村の鶴姫と、源氏の武将の悲恋の物語の舞台となったのがこのあたりらしい。

高野龍神スカイラインの県境越えは、この公園のあたりからスタートしている。

見晴らしのいいところで山並みを眺める。見渡すかぎり、吉野《よしの》の山林が続く。奈良県側は吉野郡野迫川《のせがわ》村、和歌山県側は伊都《いと》郡かつらぎ町《ちょう》だ。

出発前にもういちど、レンタカーの最新版カーナビの「県境案内」機能がONになっていることを確認する。

近づく県境、息を呑《の》む我々、そして、カーナビは……沈黙したまま。県境を越えても何も案内してくれない。

カーナビの地図上では、何回も県境を越えているのに、この最新カーナビはまったく県境案内をしてくれない。いったいなぜなのか……。

道路整備の車両。和歌山県

道路の脇には、奈良県、和歌山県の県境を示す杭がいくつも刺さっている。県境がここにあるのは確実なのだが、カーナビは一切県境をアナウンスしてくれない。「県境案内」機能がONになっているのに。

カーナビは沈黙したまま車は進む。途中黄色い道路整備の車両とすれちがった。ちなみに、この道路自体は和歌山県が整備したものなので、道路のメンテナンスは和歌山県が引き続いて行っているようだ。

依然としてカーナビは県境を案内してくれない。スピードの警告やカーブの忠告はするけれど、県境は案内してくれない。沈黙である。

奈良県と和歌山県の境界杭

道路を県境が横切る

そしてついに、県境を一切案内してくれないまま、護摩壇山の展望台「ごまさんスカイタワー」までできてしまった。

ここより先は、道路から県境が外れてしまっているため、県境スペクタクル道路は終わりである。

結果として、カーナビは、県境を一切案内してくれなかった。

大阪までの交通費、レンタカー代、運転してくれた人への謝礼……それらの合計金額が、脳裏にチラつく。そこそこいい値段である。

もちろん、県境が見られたという満足感はある。神武東征や南朝といった吉野の歴史を感じさせる森厳《しんげん》な山並みを眺めつつ、県境、さらにいうと、紀伊国と大和《やまと》国の国境でもあった境界を見られたことは満足だ、それはそれでよい。

しかし、カーナビの県境案内で、それを深く実感できなかったという肩透かしは非常にショックであった。

最近のカーナビは、県境を案内してくれないものが多いようだ。この教訓を得たことは非常に大きな収穫だったかもしれない。

県境めぐりをする場合のレンタカーは、型落ちの古いカーナビを搭載しているものを借りたほうがよい。この知識、役に立つのか立たないのか、よくわからないけれど。

## 13 町田市、相模原市の飛び地の解消について担当者に話を聞く

人類の歴史は、争いの歴史といっても過言ではない。とくに、境界にまつわる争いごとは、古来絶え間なく続いている。

と、大げさなことを言うまでもなく、人が社会生活を送るうえで、境目で一悶着《ひともんちゃく》あるということは日常茶飯事だ。

そして、東京都町田市と神奈川県相模原市の間にも、深刻（?）な境界問題が横たわっている。

### 東京都、神奈川県の町田・相模原領有問題

そもそも、町田市と相模原市は、どっちが東京都でどっちが神奈川県なのか、東京都民や神奈川県民においても曖昧に認識されているという問題がある。ためしに〝神奈川県町田市〟と

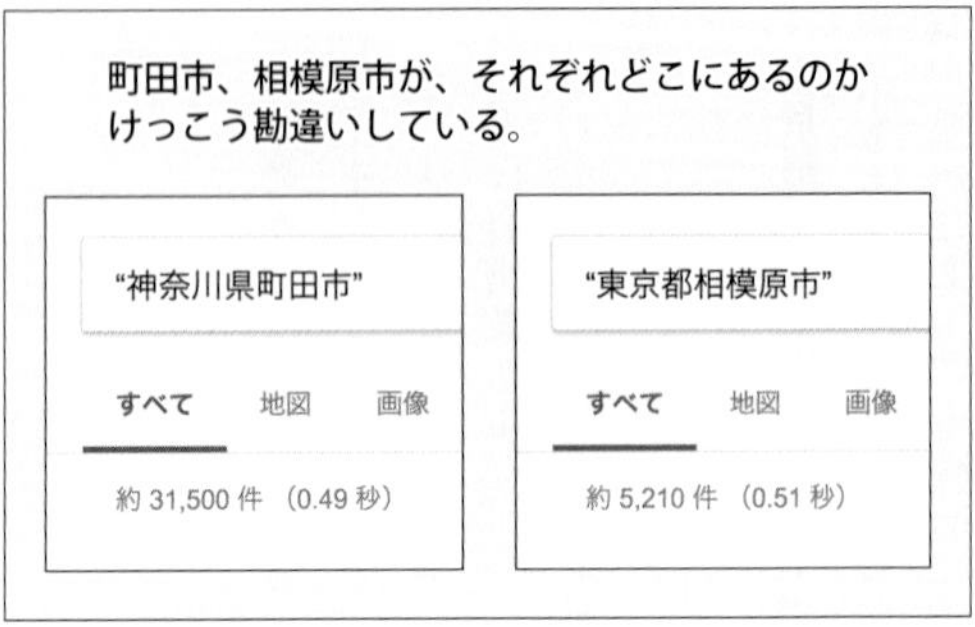


どっちがどっち？

〝東京都相模原市〟で検索してみると、合わせて四万件近い検索結果が表示される。

この混乱ぶりに乗じ、東京都民は、神奈川県が町田市を併合してしまわないか、また神奈川県民は、やっと政令指定都市になった虎《とら》の子の相模原市を東京に渡してなるものかとお互い警戒、牽制《けんせい》しあっているというありさまである。

そして、この町田市と相模原市には、境川の飛び地問題という「領土問題」が、本当に存在している。

前章でも少しふれたが、東京都町田市と、神奈川県相模原市の間には「境川」という川が流れている。その名のとおり、この川は古来、武蔵国と相模国の境界とされ、武蔵国が東京都、相模国が神奈川県になっても、その境目は引き継がれた。

しかし、現在の地図を確認してみると、都県境は境川に沿って引かれているわけでなく、川を飛び越え、両岸に食い込むように、うねりながら引かれている（前章１５３ページ地図参照）。

つまり、同じ東京都や神奈川県に行くのに、いったん隣の都県を経由しなければ、行くことができない実質的な飛び地になっている箇所が、境川の両岸にいくつも点在しているのだ。

まさに、この複雑な境目や飛び地を利用して「カーナビの県境案内を何回も鳴らす」という実験をしたわけだ。

実はこの飛び地群、町田市と相模原市の話し合いにより、少しずつだが解決されてきている。二〇一六年十二月一日にも、行政境界の変更がなされ、一部の飛び地が隣接の県や都に合併されて解消された。

境界変更の例（平成28年12月１日実施。相模原市・町田市資料）

そもそも、なぜこんな飛び地が発生したのか？　そして、行政境界変更に関わる苦労はないのか？　相模原市と町田市、双方の担当者においでいただき、お話を伺ってみた。

相模原市からは、総務局総務部総務法制課のMさん、町田市からは、総務部のIさんに来ていただいた（以降、相模原市さん、町田市さんと呼称）。

――そもそもの質問で申し訳ないのですが、この境川の都県境、いったいどうして飛び地がこんなにあるんでしょうか。

左が町田市、右が相模原市の担当者。お二人はよく一緒に仕事をしている間柄

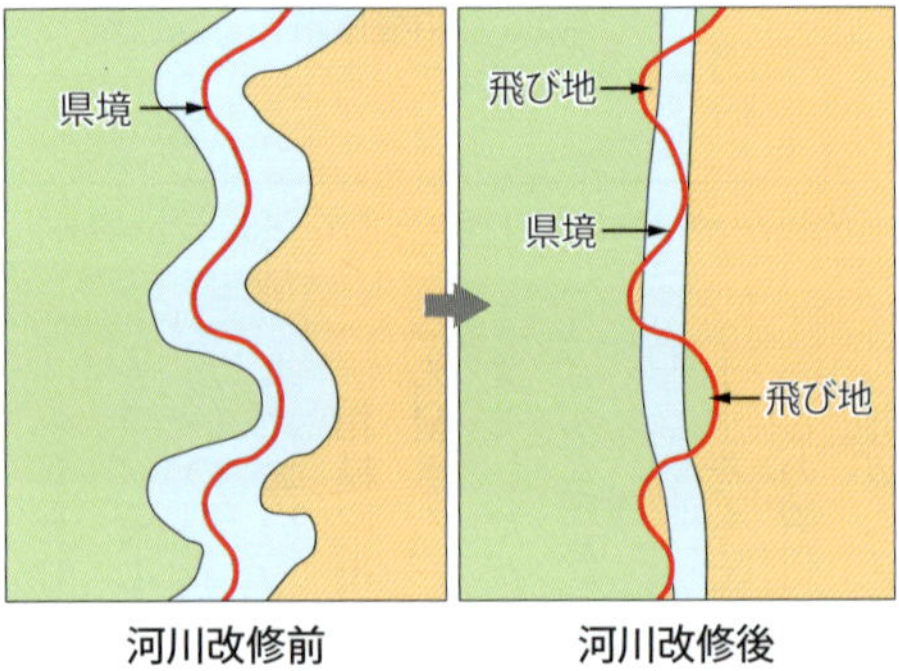


**相模原市さん**「河川の改修工事が原因ですね」

——河川の改修とは。

**町田市さん**「増水したときに氾濫《はんらん》しないように、蛇行している川の流れをまっすぐにして、護岸工事などを行う工事ですね」

——それで、飛び地が発生するということですか。

**町田市さん**「はい、川は河川改修できても、都県境は昔のままなんですよ」

つまり、蛇行している川に沿って引かれていた都県境が、河川の改修工事で川の流れがまっすぐになっても、都県境だけ、蛇行したまま残ったということである。このあたりの事情は、柳生の三県境の成立過程（第10章）と似ている。

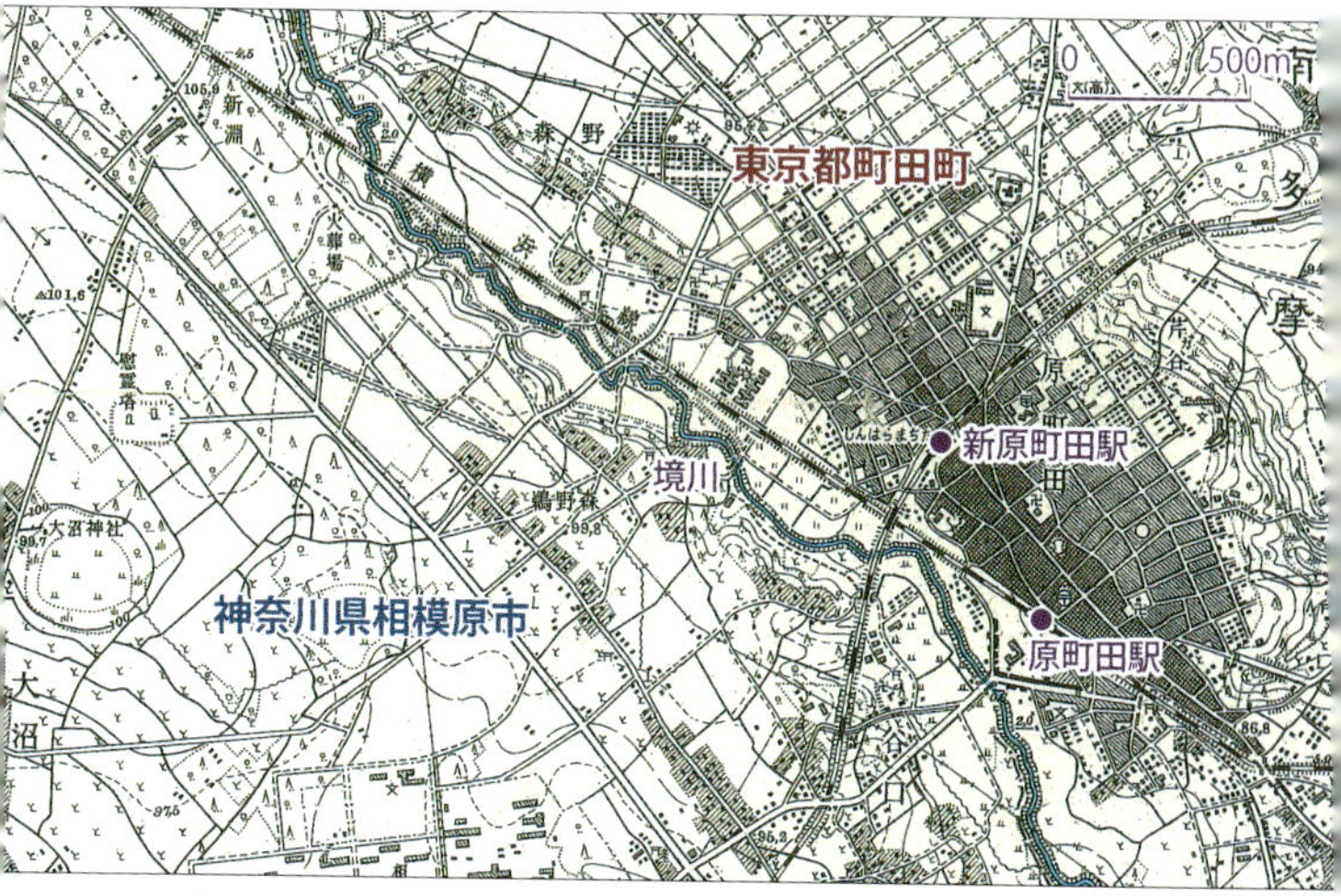


昭和29年ごろの境川。蛇行する水色の部分が川で、かつ都県境である（1/2.5万「原町田」昭和29年修正測量）

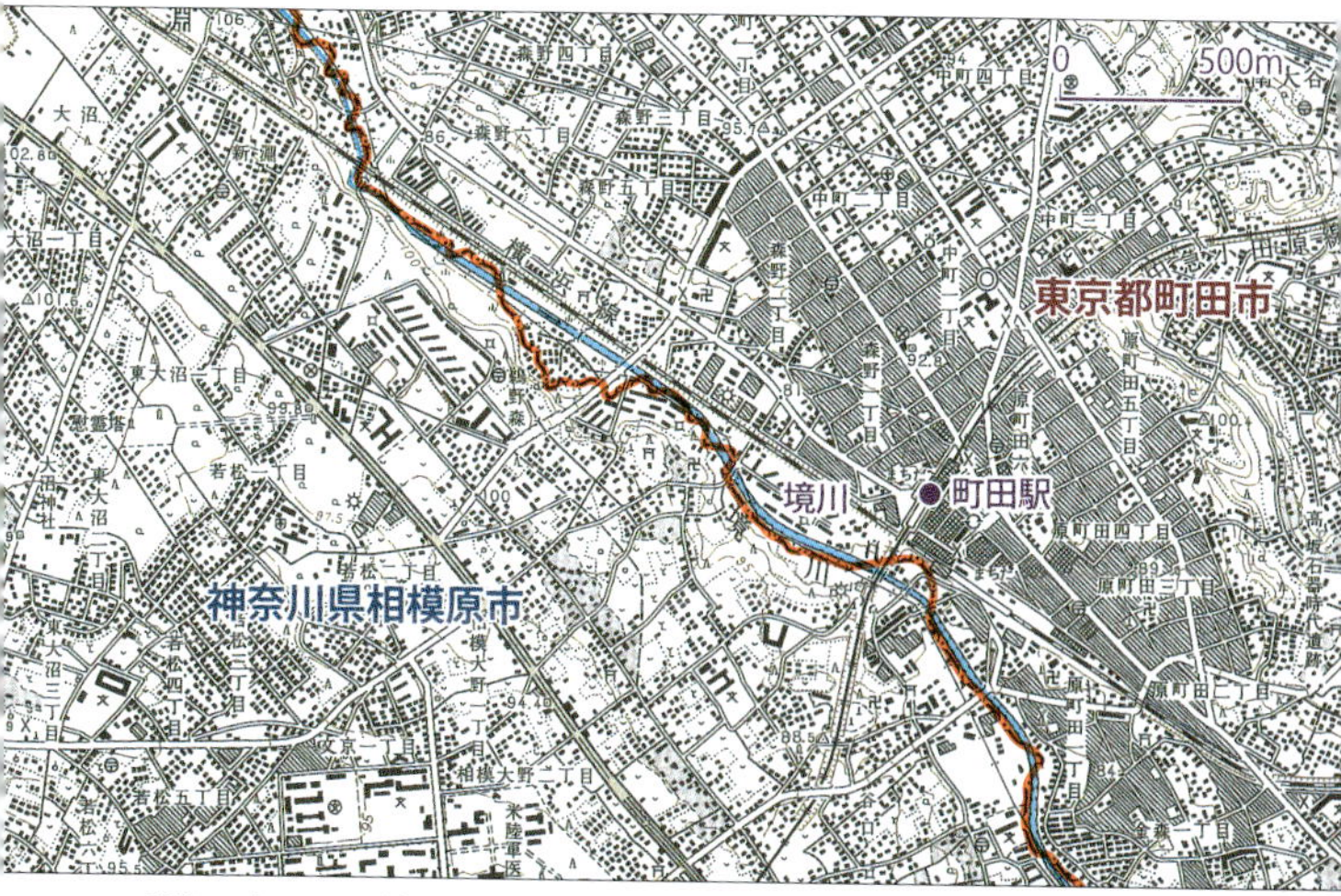


昭和58年ごろの境川。水色の境川がまっすぐになり、県境（赤色）の部分だけが蛇行したまま残った（1/2.5万「原町田」昭和58年修正測量）

――川の改修工事というのはいつごろから行われていたんですか。

**相模原市さん**「境川の河川改修自体は、昭和四十年代ごろから断続的に行われてますね」

――実質、飛び地になっている箇所というのは何ヵ所ぐらいあるんでしょうか。

**相模原市さん**「カウントの仕方によってちょっと誤差が出るんですが、実際としてはおおむね八〇ヵ所程度でしょうか」

――けっこうありますね……その飛び地を解消する行政境界の変更って、今までも何回か行われてきてるんですよね。

**相模原市さん**「今回の二〇一六年（平成二十八年）十二月の変更で六回目になりますね。おおむね三年に一回のペースで行われています」

しかし、考えてみると、たとえば東京都民だった住民が、明日から神奈川県民になる……ということが実際に起きるわけである。

ゴミの出し方から、通う学校、選挙の投票、税金の金額まで、何から何までガラッと変わると考えると、けっこう大変そうである。

なかには「私は東京都民がいい」と、東京都に絶対の忠誠を誓う住民だっているかもしれないし「生まれ育った神奈川県民としてのアイデンティティーを捨てるわけにはいかない」と、

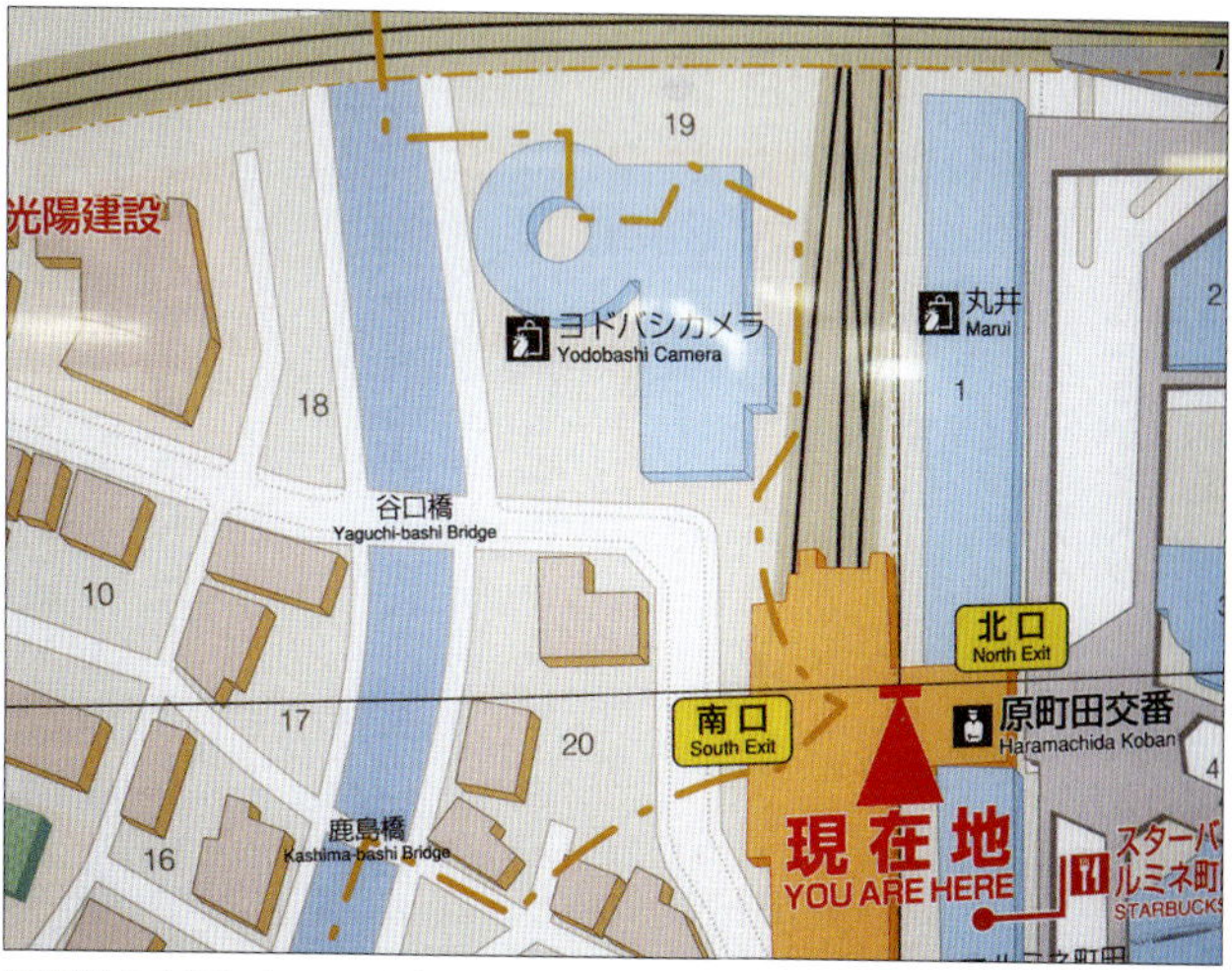


町田駅の南側にあるヨドバシカメラは、建物の中に県境がある（町田駅前の看板より）

住所の変更を認めない人だっているかもしれないのでは？

**相模原市さん**「それはですね、事前に住民や土地の所有者に意向確認のアンケートをさせていただいて、ひとりでも反対の方がいらっしゃる場合は、そのままにして変更はしない、という判断をします」

――なるほど、どちらかというと「変更しない」という判断のほうが尊重されるんですね。たとえば、税金が……どっちが高いとか安いとかはあるんでしょうか？

**相模原市さん**「それは、そうですね、今は県民税の分、相模原市のほうが若干高いですね」

**町田市さん**「そのへんは、変更のアンケートのときに、どのようなことがどんなふうに変更になるのか？　という資料はお渡しして、判断してもらうようになってます」

――学校に通っている子供は途中で学校変わっちゃったりして大変そうですね。

**町田市さん**「子供の学校に関しては、就学途中で住所が変更になった場合は、そのまま元の住所の学校に通ってもいいし、新しい住所の学校に通ってもいいというふうに配慮されてます」

――なるほど、住所が変わるから転校しろってのもなかなか大変な話だと思ったんですが、配慮はされてるんですね。高校もですか？

**町田市さん**「高校も受験する高校は選べます、もちろん公立高校ですが」

――話を聞いていると、住所の変更による不便さはあまり感じないんですが、やっぱり大変なこともあるんですよね。

**町田市さん**「そうですね、住所が変わるわけですから、住所変更の手続きが必要なものはすべて対応をしていただくことになるわけです。もちろん、住民票などの行政でなんとかなる部分に関してはいいんですが、免許証から銀行やカード会社への届け出など、そのへんはすべて自分でやることになるんですね。つまり、引っ越してないのに、引っ越しをしたようなものですね」

――そうか。たとえばネットのサービスで住所登録しているようなものは全部自分で変更しなければいけないのか……これは大変ですね。

町田市の市章の入ったマンホール

相模原市のマンホール

**町田市さん**「やはり、愛着というのもあるみたいですね」

――あ、やはり。愛着あるから、飛び地のままでいいよ、と。そういう人も多いんですね。

**町田市さん**「そういう方もいます」

話がちょっと飛ぶけれど、インドとバングラデシュの国境地帯にあるクチビハールは、国境を越えた飛び地が無数にあった。そのため、自らの畑に行くにもいちいち国境を越える手続きなどをしなければいけないといった不便さがあったそうだが、町田と相模原の場合は、同じ日本なので、市役所へ行くのに若干遠回りするかな？　程度の不便さで、飛び地だから受ける不利益を強く感じることはあまりないかもしれない。その代わり、住所が変わるときの不便さのほうが目立つのかもしれない。

――ところで、飛び地の水道はどうやって引いてるんですか。

**相模原市さん**「水道に関しては、飛び地の規模にもよるんですが、何世帯も住宅が密集しているような箇所は、橋の下に送水管をつけて水を送っているところもあります。ただ、小規模なところに関しては、場所によっては隣の自治体の水道を利用する形になってますね」

――水道はわざわざ隣から引いているんですか……ゴミの出し方もやっぱり違うわけですよね。

**町田市さん**「ゴミは、町田市はゴミ袋が有料の代わりに、燃やせるゴミと燃やせないゴミは個別に収集しています」

――相模原市さんはどうですか。

**相模原市さん**「相模原市は、ゴミ袋は半透明のものであればいいんですが、その代わり、ゴミ集積場にまとめて出さないとダメなんです」

――ゴミの出し方でこれだけ違うんですね……。ゴミの出し方は、住所が変わることで、いちばん身近な問題のような気がします。

――あと、ぼくは個人的によく都県境を見に行ったりするんですが、ちょうど都県境のあたりで、道路の舗装が変わってたり、歩道のつくりがガラッと変わってたりするところがありますこういったものもやはり県境を境目に管理が変わってるから、という認識で合ってるんでしょうか。

**相模原市さん**「はい、基本的には境界で管理が変わっているからなんですが、なかには入り組んだ道路などはお互いの自治体で協定を結んで、管理しているところがありますね」

――この都県を越えた飛び地解消の話は、都と県の境だから、相模原市さん町田市さんの市同土だけの問題じゃないんですよね。

町田市さん「そうですね、住民だけじゃなくて、国や都県の承諾も必要になってきますからね」

――やはり国や都県も関わってくるんですね。

相模原市さん「最終的には総務省、国の判断が必要なんですが、手続き的には、まず町田市、相模原市両市議会での議案の提出、可決を経て今度は東京都、神奈川県の都議会、県議会での議案の提出、可決、そして最終的に総務大臣の処分ということになるんです」

――手続き、踏んでますね……。

町田市さん「実際には、市議会へ議案を提出する前に、測量や調査が行われます。ですから、これ以上に時間はかかっています」

――測量からですか。

町田市さん「そうです、まず境界を画定しなければいけないんです。ふだん使っている地図に載っている境界。あれ、実は少し不正確だったりするんです」

――そうなんですか！

町田市さん「実際は土地の登記におおよその境界しか載ってない場合は、ちゃんと測量して境界を画定する測量調査を行って、それからなんですね」

――地籍調査からか……。地籍調査はなかなか進まないということで、ニュースにもなってました。飛び地の解消も境界の画定をしてからなんですね。

――一連の手続きの最後に、総務大臣が「ダメー」みたいなこと、言う可能性は……ないですよね。

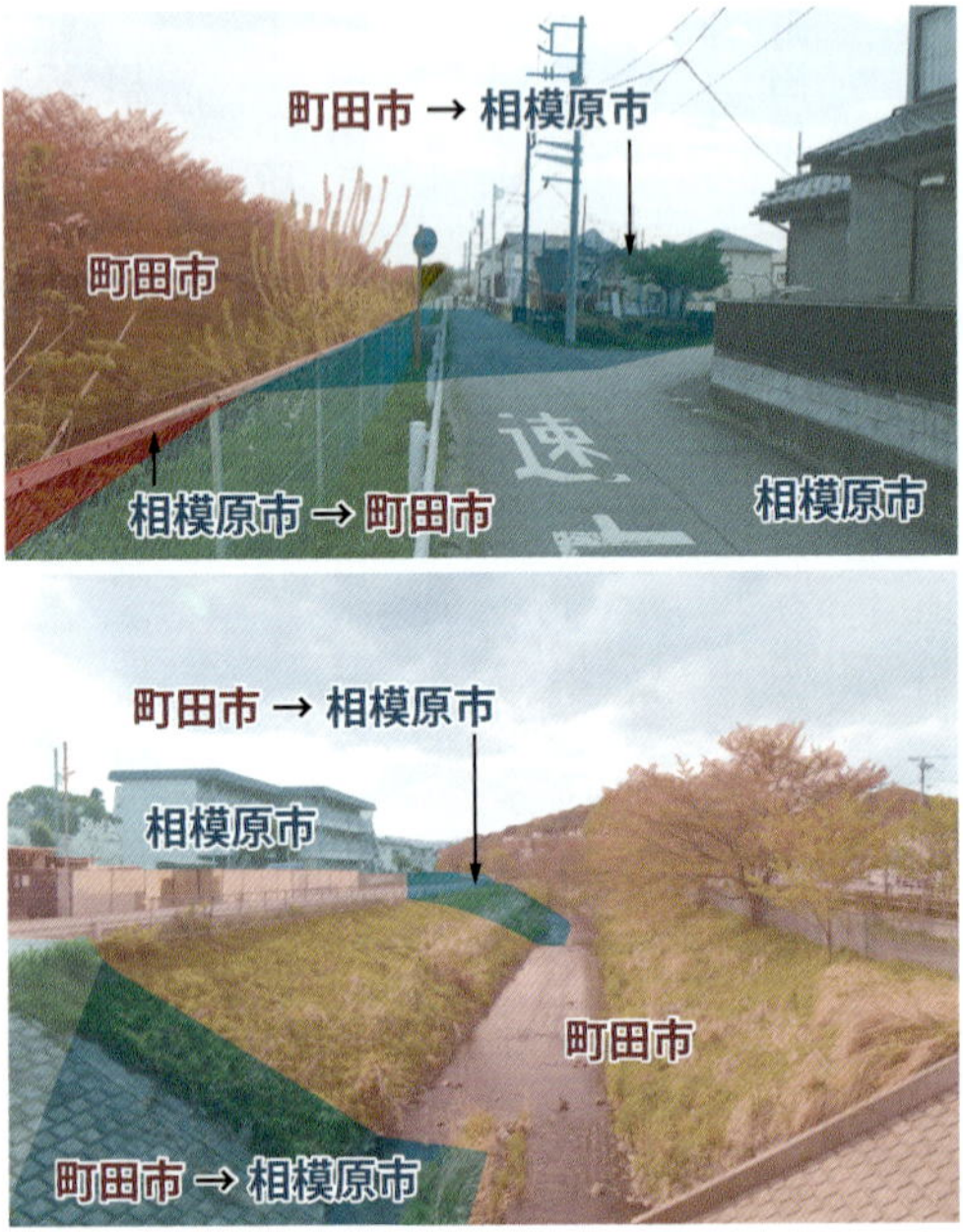


町田市から相模原市、相模原市から町田市にそれぞれ編入した区域（上 地図 A、下 地図 B）

**相模原市さん**「ほぼないですね。そうならないように段階的に手続きしてるわけですから」

——ですよね。ただ、境界をめぐって、紛争になっている場合は総務大臣の裁定がどうなるかわからない場合もあるわけですが、町田市と相模原市は別に紛争になっているわけではないですからね。

**相模原市さん**「基本的に、この飛び地解消の件は、住民からの要望で行いますという話でもありますので、そこでひっくり返るということはまずないですね」

ぼくの立っている場所がちょうど県境です。県境を挟んで今、両市の担当者が相まみえる！（本当はふだんから普通にやりとりしているそうです）

**都県境の上で記念撮影**

というわけで、せっかく町田市と相模原市の担当の方に来ていただいたので、県境の上で記念写真を撮ることにした。

現在、境川の河川改修を行うとともに、これに伴って発生した飛び地も解消すべく、都県を越えて町田市と相模原市は協力しあっている。

個人的には、変な形の県境が好きなので、そのまま残れば、面白いのにな……と、思いつつも、それは住民ではない外野の勝手な希望でしかないので、まずは、住んでいる人が望む形になればと思う。

# あとがき

最近は境界探訪の趣味がこうじて、国境をめぐりはじめた。

まだそんなにめぐったわけではないけれど、ドイツ、オランダ、ベルギーの国境、韓国と北朝鮮の軍事境界線、中国と香港の境界など、行けそうなところからめぐっている。

ただ、国境は、県境のように、軽い気持ちで境界にまたがって写真をとったりしてふざけることができないところが多い。

韓国と北朝鮮の国境である板門店に行ったときなどは、ピースなどはもってのほかで、引きつった笑顔で憲兵の横に近づき、記念写真を撮るのが精一杯だった。

「国境に壁を作る」と公約して当選した大統領がいた。選挙中は、入国のための審査を厳格にするというたとえ話として「壁を作る」と言っていると思っていたが、そうではなく、本当に国境に沿ってコンクリートの壁を作るつもりだったのだと知って驚いた。

一方、ベルギーとの国境に近いオランダにバールレ＝ナッサウという町がある。町の中に無数のベルギーの飛び地が存在し、さらに、そのベルギーの飛び地の中にオランダの飛び地が入れ子になっているという、複雑な国境を抱えた町だ。

オランダもベルギーも、「シェンゲン協定」という、国境審査なしで国境を行き来できる協定に加盟しているので、この町の国境は、日本の県境ほどの気持ちで越境できるようになっている。もちろん、境目をまたいでの記念撮影も可能だ。

ただ、このたいへん便利なシェンゲン協定も、テロリストの侵入が容易というリスクを抱えている。ヨーロッパの各都市で、市民を狙《ねら》った無差別のテロが多発しているのは、シェンゲン協定国内の人の行き来が簡単なためという側面もある。


とかく、国境や境界の話になると、境界があることとの良し悪しを語ろうとする向きがある。しかし、境界がいさかいのもとになっているからと、区切るための目印でしかない境目を取り去ったとしても、それは問題の根本的な解決になるわけではない。

人が服を着たり、言葉を使ったりするのと同じように、境目も、人が社会を作って暮らしていくためには、どうしてもこしらえなければならないものである。

境界線は、そこに境界を引く必要性があって初めて引かれるものだ。そういった人の営みを、何十年、何百年と積み重ねてきて、その形になっている。いわば、境界線はその土地の歴史が刻み込まれた、記念碑でもある。

県境などの境界が、なぜそこに引かれているのかをニュートラルな目線で見つめ直すと、今まで気付かなかったことにいろいろと気付けるのではないだろうか。

と、なんだか偉そうなことを書いてしまったが、面白い境界線は、地図の上で探して見るだけでなく、実際にそこに行って見てみるのも楽しいぞ、ということを、本書を通して少しでも感じていただけることができれば幸いです。

最後に、県境というマイナーなテーマにもかかわらず、懲りずに記事を連載してくださった『デイリーポータルZ』、『Yahoo!不動産おうちマガジン』、取材にご協力いただいた方々やご助言いただいた皆様にこの場を借りてお礼申し上げたい。

# 参考文献

浅井建爾『知らなかった！　驚いた！　日本全国「県境」の謎』（実業之日本社、2007年）
浅井建爾『なんだこりゃ?! まだまだあるぞ「県境」＆「境界線」の謎』（実業之日本社、2009年）
浅井建爾『知らなかった！　「県境」「境界線」92の不思議』（実業之日本社、2013年）
石井裕『県境マニア！　日本全国びっくり珍スポットの旅』（武田ランダムハウスジャパン、2009年）
鵜殿村村史編さん委員会編『鵜殿村史通史編』（鵜殿村、1994年）
小澤弘道「福島県の「へその緒」と飯豊参道」（『文化福島』No.407、2006年）
高野澄『物語 廃藩置県』（新人物往来社、2001年）
立石秀浩「和歌山県の飛地」（『和歌山県史研究』14号、1987年）
中原淳『「県境」の秘密』（PHP 研究所、2009年）
『GoogleMap』https://www.google.co.jp/maps
『マピオン』https://www.mapion.co.jp/
『今昔マップ on the web』http://ktgis.net/kjmapw/index.html
『都道府県市区町村』https://uub.jp/

# 初出一覧

『デイリーポータルZ』

「店内に県境がある店めぐり」2011年4月23日

「3秒で東京都を横断できる場所」2011年6月11日

「練馬に県境が一目でわかる場所がある」2012年6月13日

「福岡県の中に熊本県が3か所もある場所」2013年2月7日

「蓮如の聖地に県境を見に行く」2014年8月13日

「綱引きで国境を決める飯田市と浜松市が仲良しすぎる」2014年11月13日

「県境というバス停があるらしい、これは行かずにいられない」2015年4月1日

「標高2000メートルの盲腸県境と危険すぎる県境」2015年8月26日

「埼玉、栃木、群馬の三県境が観光地化している?」2016年3月16日

「見えない県境を可視化する県境テープ」2016年4月13日

「日本唯一の飛び地の村で水上の県境をまたぐ」2016年8月24日

『Yahoo! 不動産おうちマガジン』

「東京と神奈川が領土交換?　町田が神奈川、相模原が東京に?」2017年7月17日

本書に掲載した原稿は、2010年から2018年にかけて取材したものです。

ＤＴＰ・市川真樹子

西村まさゆき（にしむら・まさゆき）

1975年，鳥取県生まれ．イッツ・コム「デイリーポータルZ」など，主にインターネットサイトで，地図や地名，県境など地理に関する記事や，国語辞典に関する記事等を執筆．

著書『「ファミマ入店音」の正式なタイトルは「大盛況」に決まりました。』（笠倉出版社，2016）
『鳥取「地理・地名・地図」の謎——意外と知らない鳥取県の歴史を読み解く！』（共著，じっぴコンパクト新書，2015）ほか

カラー版《ばん》　ふしぎな県境《けんざかい》
中公新書　*2487*

2018年 5 月25日発行

著　者　西村まさゆき
発行者　大 橋 善 光

本文印刷　三晃印刷
カバー印刷　大熊整美堂
製　　本　小泉製本

発行所　中央公論新社
〒100-8152
東京都千代田区大手町 1-7-1
電話　販売 03-5299-1730
　　　編集 03-5299-1830
URL http://www.chuko.co.jp/


Published by CHUOKORON-SHINSHA，INC.
Printed in Japan　ISBN978-4-12-102487-9 C1225

## 地域・文化・紀行

t1

285 日本人と日本文化 司馬遼太郎 ドナルド・キーン
605 絵巻物に見る日本庶民生活誌 宮本常一
201 照葉樹林文化 上山春平編
1921 照葉樹林文化とは何か 佐々木高明
299 日本の憑きもの 吉田禎吾
799 沖縄の歴史と文化 外間守善
2298 四国遍路 森 正人
2151 国土と日本人 大石久和
1810 日本の庭園 進士五十八
1909 ル・コルビュジエを見る 越後島研一
246 マグレブ紀行 川田順造
1009 トルコのもう一つの顔 小島剛一
2169 ブルーノ・タウト 田中辰明
2032 ハプスブルク三都物語 河野純一
1624 フランス三昧 篠沢秀夫

2183 アイルランド紀行 栩木伸明
1670 ドイツ 町から町へ 池内 紀
1742 ひとり旅は楽し 池内 紀
2023 東京ひとり散歩 池内 紀
2118 今夜もひとり居酒屋 池内 紀
2234 きまぐれ歴史散歩 池内 紀
2326 旅の流儀 玉村豊男
2331 カラー版 廃線紀行―もうひとつの鉄道旅 梯 久美子
2290 酒場詩人の流儀 吉田 類
2472 酒は人の上に人を造らず 吉田 類
2487 カラー版 ふしぎな県境 西村まさゆき